我赴人间惊鸿宴

长安少年行

张怀民 著

中国友谊出版公司

图书在版编目（CIP）数据

我赴人间惊鸿宴 : 长安少年行 / 张怀民著.
北京 : 中国友谊出版公司, 2024. 12. -- ISBN 978-7
-5057-5927-5

Ⅰ. K242.09

中国国家版本馆CIP数据核字第20248KR502号

书名	我赴人间惊鸿宴：长安少年行
作者	张怀民
出版	中国友谊出版公司
发行	中国友谊出版公司
经销	新华书店
印刷	北京盛通印刷股份有限公司
规格	880毫米×1230毫米　32开
	9.25印张　193千字
版次	2024年12月第1版
印次	2024年12月第1次印刷
书号	ISBN 978-7-5057-5927-5
定价	59.80元
地址	北京市朝阳区西坝河南里17号楼
邮编	100028
电话	（010）64678009

如发现图书质量问题，可联系调换。质量投诉电话：010-82069336

序言

大唐盛世，无数华夏子孙魂牵梦萦的时代。

有时候我会想象自己是一名盛唐时期的游侠，仗剑行走天下，是日来到京城，漫步在长安城繁华的市井烟火中。

听着来自西域各国的小商小贩们说着蹩脚的大唐官话，我坐在街头咬着烤馕吃着水盆羊肉，见朱雀大街上金吾卫绝尘而过，护卫着见不到真面目的玉真公主前往岐王宅赴宴。当我起身路过一家酒肆，不经意一回头，李白醉醺醺地伏在贺知章的背上。

李世民、武则天、李隆基三位皇帝本身就是传奇，他们身处的时代更是群星璀璨。

从初唐到盛唐，留下数不尽的传奇。光一个大唐玄奘西行取经的故事，就衍生出了经久不衰的《西游记》，即便去掉神话的成分，玄奘法师本身的经历也是无比精彩，令人叹为观止。

　　创立大唐过程中的诸多名将，如李靖、秦琼、尉迟恭等在《隋唐演义》的评书中不朽；李白、杜甫等才华横溢又璀璨如繁星的诗人们，留下脍炙人口的唐诗无数，对华夏文明产生深远影响；从房谋杜断到狄仁杰再到开元时代层出不穷的名相，他们留下诸多执政理念与治国方针；其他诸如画家吴道子，书法家张旭，音乐家李龟年，药王孙思邈，剑圣裴旻，道士司马承祯、张果，僧人鉴真、慧能等各领域鼎鼎大名的人物，更是数不胜数。

　　李世民、武则天、李隆基，三个皇帝，代表大唐的三个时期，三种不同的精神面貌。用孔尚任《桃花扇》中一句台词总结：眼看他起朱楼，眼看他宴宾客，眼看他楼塌了。

　　唐玄宗天宝十四年（755年），安史之乱的爆发，让中国人魂牵梦萦的大唐盛世就此落下帷幕。帝皇将相、才子佳人、江湖游侠、乱臣贼子，多少故事埋在不为人知的故纸堆中，等待后人挖掘。

　　历史最大的魅力与遗憾，就是一切皆已注定。
　　我年少时看《三国演义》，看到关羽败走麦城不敢置信乃至痛哭流涕，看到刘备夷陵之战大败死在白帝城，我才终于意识到，纵使罗贯中妙笔生花，也无法改变早已成为历史的结局。

多少史书中惊鸿一瞥的人物，上一页大放异彩，下一页就溘然离世；多少忠臣良将也曾一心报国，最终却成了乱臣贼子。人只要还活着，发生什么都有可能。

读历史，时常让我感受到人生的短暂和渺小，人性的善变与无常。烈火烹油的大唐盛世，转瞬之间毁于兵燹，生灵涂炭。安史之乱有偶然，也有必然。这其中的关键人物，在关键时刻都有着决定无数人命运的能力，可他们的欲望最终交会在一起，造成了不可挽回的惨烈战争。

在命运的十字路口，无论是唐玄宗、杨玉环，还是安禄山、史思明，都预料不到前方等待自己的是怎么样的结局。我们站在上帝视角以为自己辨得清忠奸善恶，责怪那些昏君奸臣误国误民，可事实上大部分时候，大部分人都处于薛定谔的叠加态，也就是所谓人性灰色地带。正如白居易诗云："周公恐惧流言日，王莽谦恭未篡时。"皇帝临终前，也不知道托孤的大臣到底是诸葛亮，还是司马懿；建功立业的武将奋战沙场，他们也不知道自己将来会成为郭子仪，还是下一个安禄山。从来都是事情改变人，人极难改变事物发展的规律，在遇到真正的考验之前，一个人到底是否可信，实在是千古难题。

我们连身边人的品性都未必看得清，更何况纷繁复杂的权力游戏，大家又都很擅长演戏。但凡能在史书留名的人，并不是非黑即白。每个历史人物仔细研究起来，都有着自己的个性和做事的动机，他们也都跟我们一样，有自己的喜怒哀乐，有嫉妒，有不甘，有壮志未酬的落寞，有千帆阅尽的豁然，光明与黑暗会同时存在于一个人身上，构成各自独一无二的历史故事。

历史终归是人写的。

只要是人写的，就会有立场，有喜恶。出于种种因素，史书中总会有自相矛盾或者语焉不详的部分，而我向来对史书中语焉不详的部分兴趣盎然，那是我发挥想象力去脑补的空间。

本书的缘起，全在因我读《资治通鉴》时，对玄武门之变生出了一些想象与感慨。

比如玄武门之变前，李建成曾经遭遇过一次巨大危机，那就是他的亲信杨文干造反事件，导致李渊大怒之下差点废杀太子，改立李世民。杨文干事件从头到尾透露着诡谲，迷雾重重。李建成是否真的想谋反？杨文干是否得到了什么假情报？李渊为什么最终相信了李建成？对这件事的定性是兄弟不睦，事后反而流放了李世民的谋士杜淹。其中到底发生了什么，谁也说不准。

其实我更关心与好奇的，是这十年间李世民与李建成的心路历程。

这两人都是重情义的人，对待身边人尚且厚道，更何况对一母同胞的亲兄弟。在李渊起兵建立大唐的过程中，他的府记室参军温大雅随军撰写了《大唐创业起居注》，里面提到李渊起兵之初，军中并没有设置官职，军士们称呼李建成、李世民兄弟为大郎、二郎，大家同甘共苦，休戚与共。

时文武官人并未署置，军中以次第呼太子、秦王为大郎、二郎焉。……大郎、二郎在路，一同义士，等其甘苦，齐其休息。……于是将士见而感悦，人百其勇。

——《大唐创业起居注》

隋末大乱，群雄逐鹿，晋阳起兵时李世民才十八岁，李建成二十八岁，兄弟齐心一起打天下，那段时光虽然艰苦却也生机勃勃。十年后，两兄弟越走越远，猜忌与嫌隙加深，在不可调和的权力斗争下，最终反目成仇，导致玄武门之变。不得不说这是一个悲剧。

复杂的历史事件背后，注定是人心莫测的罗生门。如果可以采访到李建成、李元吉、李渊和李世民一家人，那么，或许他们各自对玄武门事变都会有不同的解释版本。

史书语焉不详，春秋笔法的地方比比皆是。

就说玄武门事变当晚，李渊对宫中这么大的事情竟然置若罔闻，《旧唐书》和《新唐书》中，都提到李渊当时正和一帮文臣泛舟于海池。大半夜的，外面儿子们刀兵相向，李渊却如此反常地在宫中的湖上泛舟，这事就处处透着诡异。

在尉迟恭气势汹汹地来禀告李渊，说太子和齐王作乱，秦王已经将他们都杀了后，《新唐书》写李渊的反应竟然是——帝意悦。请问李渊到底有什么好高兴的？

时帝泛舟海池，王命敬德往侍，不解甲趋行在。帝惊曰："今日之乱为谁？尔来何邪？"对曰："秦王以太子、齐王作乱，举兵诛之，恐陛下不安，遣臣宿卫。"帝意悦。
——《新唐书·卷八十九·列传第十四·尉迟敬德传》

李世民到底是为了自保而冒险，还是处心积虑想除掉兄长当皇帝,谁也说不准。

这些年我读《资治通鉴》,脑子里产生了一个想法,如果用剧本杀那样的视点人物写作手法(POV)去写历史,会不会带来不一样的感受。

于是,我写了这本大唐的"剧本杀",玄武门之变,武则天的称帝之路,安史之乱的众生相……每个人的视角信息都有限,大家只能凭借自己看到的信息来猜测事情的全貌,但终究也只是以管窥豹。如果有机会,我打算将尽可能多的大唐历史用多视角人物的方式一一呈现。比如之后的中晚唐时期藩镇割据,甘露寺之变,以及串联起大唐的天下名将系列与诗人系列。

历史学家钱乘旦教授说,一切历史都是写出来的。

只要与人相关的文字,都是人赋予的意义。

希望这种写作方式可以引发更多人对大唐历史、大唐人物的好奇与喜爱,沉浸式地走入我们无比骄傲的唐人时代。

本书是一本历史演义,在遵照历史事件背景的前提下,我对历史人物进行一定程度的心理和性格分析,以塑造小说人物的方式解读历史,增加历史故事的可读性。您可以将此书完全当作小说看,

本书有我本人主观的理解，如果有不严谨的地方，还请多多包涵指正。

2023 年 9 月 1 日

宁波

台风天，窗边。

武则天升职记

- 050 尼姑明空
- 057 李治
- 065 王皇后
- 072 武皇后
- 075 英国公李勣
- 081 大唐天子李治
- 087 武天后
- 092 相王李旦
- 098 英国公李敬业
- 105 女帝武曌
- 110 番外（一） 地狱使者·来俊臣
- 122 番外（二） 椒花颂·太平公主与上官婉儿
- 140 番外（三） 神仙笑

目录

玄武门前无间道

- 002 暗桩
- 004 李渊
- 011 李世民的困境
- 018 秦王妃的担忧
- 023 李建成的犹豫
- 031 李元吉的焦躁
- 037 李渊的恐慌
- 040 恩怨玄武门

特别番外　洛阳·梨花春

洛阳少年武庆宗

安史之乱前的众生相

- 158　互市牙郎·安禄山
- 163　营州都督·张守珪
- 168　杨玉环与寿王李瑁
- 172　流浪者·高适
- 177　开元最后的贤相·张九龄
- 186　李隆基
- 196　李林甫
- 206　高力士
- 211　李白问道
- 231　史崒干
- 244　番外　向往的国度

玄武门前无间道

> 夫父子、夫妇、兄弟、家室、知识、奴婢有五因缘。何谓为五？
>
> 一曰怨家，二曰债主，三曰偿债，四曰本愿，五曰真友。
>
> ——《五苦章句经》

暗桩

人头。

人头在向我走来。

那是一颗脖颈处不断淌着鲜血、被一双大手提拎在半空中晃动、尚存温热的人头。

月光下，死者眉眼上仿若结了一层霜，平添几分柔和。

那是当朝太子的人头。

常何的心脏为之一滞，他后退半步，隐入城墙阴影。玄武门外，东宫精兵们愤怒嘶吼着，撞击着城门；城门内，一切都已尘埃落定。常何久经沙场，自然不是怯懦之辈，他从未如此刻般紧张，浑身战栗，心脏像被什么东西攥得喘不上气。恐惧、愧疚、懊恼、兴奋、压抑、愤懑、解脱，繁芜的情绪如倒豆子般混作一团。他需要一点时间凝神，让自己冷静下来。

常何的目光仍止不住地望向那颗悬空的人头，那人头微张开的嘴好像要对他说些什么。

约莫一炷香前，那颗人头曾经微笑着对常何说："辛苦了，常何。"闻听此言时，常何将自己的手心捏出了一道坑。他的指甲深深地嵌入掌心，发自肺腑的不安喷涌欲出。

"太子快走！玄武门有埋伏！"

他望着太子骑马远去的背影，只能在心中呐喊，做最无用的坦诚。抱歉太子，我是暗桩。作为暗桩，他没得选。他最大的价值，就是出卖信任他的太子。

此刻，尉迟敬德宛如索命的恶鬼，提着太子人头大步向前，凛冽的杀气携畅快淋漓的笑容，似乎在表达他已经忍了太久，终于等到这一天。前方树林中，秦王正坐在地上摸着脖子大口喘息，而一旁紧握长弓的齐王已被围攻之人的乱刀砍成肉泥。

尉迟敬德那威武庞大的身躯经过常何身边,伸出手掌拍了拍他的肩膀,咧开嘴笑道:

"辛苦了,常何。"

李渊

大唐武德六年(623年),处暑后阴雨不休。

雨中的长安城行人稀少,略显冷清。在这宁静的表象之下,东宫与秦王府的对峙已是朝野皆知。

长安。

皇城之北,太极宫,南宫帝寝。

一个老人心绪不宁,踱步于寝宫内。

今日守庚申,当静坐以斩三尸。[1]李唐皇室奉道家始祖李耳为祖,故而常有一些道家习俗。凡至庚申日,兼夜不卧,打坐自省,以斩三尸强身健体。

---

[1] 道教修行中,"三尸"代表人体内部的三种"恶欲",守庚申斩三尸代表驱除人的恶欲。

下尸交对，斩死不还；中尸交对，斩死不还；上尸交对，斩死不还。[1]

斩。斩。斩。

闷热、潮湿的气候令他心烦气躁、胸口发闷，思绪非但得不到平静，反而愈乱。心中不停冒出一个名字，如同耳畔有一只看不见的蚊子嗡嗡不止。

李世民。李世民！

朕的好二郎啊，朕到底该如何待你，才能避免萧墙之祸？

时间回溯到两年前（唐武德四年）的五月，秦王李世民在虎牢关一战灭二王（王世充、窦建德），为唐朝扫除卧榻之侧最大的两个威胁，让李渊的皇位变得安稳无比。秦王威名响彻长安大街小巷，凯旋那日，满长安的百姓蜂拥而至，争相一睹战神的英姿。他们亲眼见到二十岁出头的秦王身披黄金甲胄雄姿勃发，果如传言所说龙凤之姿，天日之表；其胯下烈马雄壮，身后万人铁骑凛然彪悍，精

---

[1] 《神仙守庚申法》云："常以庚申日彻夕不眠，下尸交对，斩死不还；复庚申日彻夕不眠，中尸交对，斩死不还；复庚申日彻夕不眠，上尸交对，斩死不还。"大意是观察自己的念头，驱除恶欲，保持平静。

锐玄甲军肃穆如山，前后部鼓吹声震如雷，万众雀跃山呼海啸！好一个秦王，尽显英雄气概！百姓们仰望的目光中无不透露着同样的想法：这样的人，才应该是天下的主人！

李渊大喜之下也感到有些事变得棘手起来。自从晋阳起兵以来，二郎李世民东征西讨身先士卒，立下大小战功无数，毫无争议可称为"大唐第一功臣"。然而功劳太高，反而赏无可赏。为何自古以来皆有功高盖主反引来杀身之祸一说，李渊此刻便深有体会，若此人不是他的儿子，恐怕李渊绝无法容忍一个如此功高盖世深得军心的武将。

如今李世民已经位至秦王、太尉兼尚书令，着实位极人臣，封无可封。最终，李渊特地为李世民造了一个新职位——天策上将，让其开天策府自置官署招募人才，甚至还给了李世民铸币权让他想要多少钱就造多少钱，可谓权势与富贵都给到了顶点。纵观唐朝289年历史，天策上将唯有李世民而已。前无古人，后无来者。

李渊也不是没有想过立李世民为太子，只是每每念及此事，眼前立马就会浮现出那位小自己三岁的表弟——杨广。

李渊七岁时父母双亡，受到姨妈独孤伽罗皇后的照顾，将他接到宫里住，和年幼的杨广从小做伴，关系匪浅。他曾经以为自己是熟悉杨广的，直到杨广成为皇帝。李渊常常在李世民的身上看到一些杨广曾经的影子，同样的少年早慧、英姿勃发，同样在弱冠之年就征战沙场立下大功，同样雷厉风行俭约朴素，不嗜女色豪迈阔达，俨然一副未来雄主气象。

然而成为皇帝后，杨广就像彻底变了一个人似的，开始毫无顾忌地残杀自己的同胞兄弟。

大权在握后的杨广令李渊感到陌生，他胆战心惊，甚至怀疑自己的记忆出了问题。那个恭谨谦逊，让人如沐春风、交口称赞的贤王，摇身一变成了群臣的噩梦，成了宗亲头上随时斩人的刀。杨广好大喜功穷兵黩武，骄奢淫逸刚愎自用，大业（隋炀帝年号）才短短几年，天下便狼烟四起。这才引来群雄逐鹿，最终李唐取代杨隋。李渊活了近六十年，见过太多表里不一的人，认识一个人不代表什么，人随时都可能变成另一副样子，尤其是在拥有权力之后。有的人生来就擅长伪装，让人看不透其最真实的想法，正如王莽篡位之前谁又能想得到他竟不是大汉忠臣呢？

他李世民，怎么可能不想当皇帝？

就算他不想当，追随他的那帮文臣武将又岂会甘心？

在李渊眼里，大儿子李建成不仅长得跟自己相像，性情也如出一辙，仁厚宽简、坦率和善，且常年伴在身边知根知底，他当太子李渊是一万个放心。四儿子李元吉脾气暴躁、戾气深重，却也弓马娴熟、骁勇善战，一直与李建成亲近，却与二哥水火不容。他如今也才二十岁出头，相信假以时日也能成熟持重，成为太子的左膀右臂。至于这个二儿子……看不透呀，看不透。他太过出类拔萃、卓尔不群，每当李渊以为他已经做得很好的时候，他却还能做得更好，少年救驾雁门关的英勇，晋阳起兵的果决老练，洛水之战的诡谋，浅水原之战的狠辣，虎牢关之战的冒险，到底还有多少他未曾显现的能力，他又到底是个怎么样的人？深不可测。就连自己这个当爹的有时候都会感到不安。他若真要反，自己能对付得了吗？

相比这几个儿子，李渊最信任的人是宰相裴寂，这位老伙计于国有功于己有恩，没有什么话不能跟他商谈，对李渊来说裴寂的意见有着举足轻重的分量。建国初，晋阳起兵的大功臣刘文静不服裴寂，颇有怨言，李渊完全偏向裴寂，甚至随便找了个借口处死了刘文静，此事也让李世民有了心结。李世民素来敬重刘文静，引为良师益友，在他那里学到不少战略计谋。刘文静作为开国功臣，仅仅因为一些捕风捉影的谣言就被无情处死,这让李世民甚为愤慨。李渊不喜欢刘文静是在起事的过程中愈发意识到的。这个人为达目的不择手段,阴谋诡计太多,着实让人难以放心,而跟他走得亲近的李世民,是否本质上也是同一类人?

裴寂始终坚定地站在李建成这一边。当老皇帝询问他是否可以让李世民离开长安坐镇东都洛阳,兄弟平分天下时,裴寂眉头一皱,连连摇头。

"陛下不见赵武灵王之故事乎?"裴寂劝谏的言语正中李渊软肋,赵武灵王这位英主就是因为没有处理好儿子们的权势分配,从而导致国家危乱、自己活活被饿死的悲惨下场。后宫诸妃也天天吹枕边风,她们反复为太子说好话,有意无意说秦王的坏话,所谓三人成虎,李渊逐渐也就断了易太子的心。他决定不再动摇,坚定选择东宫,让朝野上下看到他的态度,敲打群臣中首鼠两端的墙头草。

李世民对窦建德的人品素来敬佩,虎牢关擒下夏王窦建德后,承诺不杀他。可回到长安后,李渊和李建成却不顾李世民的请求,坚决下令处死了窦建德。结果河北民心大失,本已平定的地区全部复乱。窦建德旧部刘黑闼为主复仇,一路攻陷黄河以北诸州乃至太行山以东各地,连败唐朝七位大将——李神通、罗艺、李玄通、李世勣、麹棱、薛万均和薛万彻兄弟，给唐军带来惨重损失。

　　李渊大惊，不得不让李世民再次率军出征。李世民知道对手不简单，避其锋芒稳扎稳打，任凭敌军挑衅坚守不出，分兵绝其粮道，派奇兵突袭敌方后援，彼此相持两月，逐渐消耗刘黑闼军队的粮食。在这期间，李世民损失了一位心腹大将——罗士信，其正是《隋唐演义》中"冷面银枪俏罗成"的原型。

　　刘黑闼的后勤补给日渐不足，终于耐不住了，急于求战，李世民等待的战机来了！
　　刘黑闼的军队渡过洺水，李世民下令决堰，引发大水冲散刘黑闼大军，死伤者无数。这一决战进行了整整一个下午，杀得天昏地暗人仰马翻，唐军虽然获胜却也损失惨重，其间李世民多次遭遇生死危机，幸亏手下大将尉迟恭拼死护卫，才得以生还。

　　可惜贼首刘黑闼还是逃跑了。
　　半年之后，刘黑闼东山再起，借突厥兵卷土重来，竟又将李世民好不容易收复的土地吞并。

　　这次李渊下了一步险棋，他不再派遣李世民救火，而是让太子李建成亲上战场。李渊心想，如今刘黑闼主力已经被李世民击溃，势力不比当初，可以让李建成摘个桃子，以巩固他的太子之位。

李建成也没让父亲失望，大军势如破竹，最终于武德六年（623年）二月，在洺州将刘黑闼等人斩首，彻底平定河北山东之地。李渊大悦，两个儿子都如此优秀，自己这个皇帝之位能够坐得这么稳固，不由得庆幸当初娶了个好老婆。

在两个儿子中摇摆过多年的李渊，心中的天平已倒向李建成。无论考虑父子私情还是继承礼法，李建成都是最合适的人选，要怪只能怪"既生瑜何生亮"，如果李世民是嫡长子，该有多好。

世民，抱歉了。

爹只能这么选。

李世民的困境

武德七年（624年）春，李世民心如寒冬。

局势变了。朝堂不比沙场，刀光剑影、喊打喊杀，朝堂之刃是无形的，在人心中左右摇摆，瞬息万变。

功勋卓著的他本应春风得意，可这两年反而每况愈下，父皇李渊忽然之间态度大变，多次在群臣面前呵斥他的主张，并且话里有话，明显是在警告他不要因为功劳大而居功自傲，滋长野心。

太子和齐王对他的敌意昭然若揭，二人结成同盟笼络群臣、谄媚后宫，明里暗里打压李世民，甚至还让皇帝下令驱逐了他最得力的谋士房玄龄和杜如晦，要求房杜二人私下绝对不可接触秦王，若有违者当以谋逆罪斩杀。失去了谋士中最信任的左膀右臂，李世民有了强烈的危机感，不管曾经多么父慈子孝、兄友弟恭，在绝对权力的豪赌面前，谁都没有退路可言。

李世民自然晓得，这所有一切变化的背后，父皇的心意已决。如今天下平定已无大患，若是父皇打定主意传位给太子李建成，那么自己作为一个声望显赫、手握兵权的天策上将，就是皇权最大的隐患。

天朗气清，惠风和畅，然而这个春天的天策府一改往常的门庭若市，前来拜访的官员显贵屈指可数，大家都嗅出了某种危险的变化，谨慎地明哲保身。李世民心知肚明，如此下去大祸将近，不能坐等事态进一步恶化。可惜房杜二人不在身边，秦王府现在是否还有可以商讨策略的谋士？他留心观察了一圈，想到了那个人。

这晚，忙完一天公务的李世民招来天策府兵曹参军杜淹，让他给自己讲史。

李世民长期东征西讨、戎马倥偬，一直兵不卸甲马不离鞍，虽喜好文史却无暇读书，如今除了北方突厥偶犯边境，中原已然平定，他觉得自己需要静下心来勤学历史，就常使人读史给自己听，尤其是在每晚睡前，不仅增长学识，还能促进睡眠。天策府的文学馆有不少饱读经史的大学士，李世民之前也多有请教，不过这些学士都有些典型的儒生毛病，讲史太过正经古板，显得无趣枯燥。其实看一个学士讲史很能看出此人的真实水平，正如名将擅于因势利导，借助天时地利人和，好的谋士更需要这种思维，根据不同情况选择最佳策略。幸而自己在打败王世充后，得到了一个有趣的人才——杜淹。

天策府内人才济济，房谋杜断运筹帷幄，而杜淹能得到李世民的喜爱，是因为他足够有趣。不要小看有趣，有趣其实是个罕见的优秀品质，不管是在哪个年代，真正有趣的人都是凤毛麟角，更何况他身处这杀人如常、人心如铁的世道。

杜淹是降臣，之前在王世充手下做事，官至吏部尚书，备受宠信。李世民在虎牢关大败王世充后，在洛水边杀了不少王世充的手下，其中就有知名猛将单雄信，以及恶名昭彰的"食人魔"朱粲。杜淹本来也在处死名单之中，全因亲侄子杜如晦向李世民求情才让他死里逃生。

你以为这对叔侄感情很好？
恰恰相反，杜如晦巴不得这个叔父赶紧去死。

两人之间的具体矛盾史书上并未细说，总之便是杜淹与杜如晦三兄弟从小关系恶劣互相看不顺眼。杜淹在王世充手下做谋士时曾借刀杀人害死了杜如晦的大哥，还差点饿死杜如晦的弟弟杜楚客。本来杜淹落难之后，杜如晦冷眼旁观，只想看这个狠毒的叔父人头落地，谁料亲弟弟杜楚客宅心仁厚、以德报怨，不愿看到一家人自相残杀，苦苦哀求杜如晦救下叔父，这才让杜淹侥幸捡回一条命。

杜淹死里逃生后，不知是不是对杜如晦兄弟怀有些许愧疚，开始夹着尾巴做人。在天策府默默做了两年事始终不受重视，他的心思又活络起来，想去投靠李建成，幸好房玄龄及时发现苗头，立刻将他举荐给李世民，希望给杜淹一个机会。李世民方才想起还有这么一个人，立刻提拔其为兵曹参军。

杜淹，矮矮胖胖的小老头一个，其貌不扬但舌灿莲花、口才出众，学识渊博却满肚子坏水。杜淹年轻时故意学人当隐士想出名，结果被隋文帝看穿了他的虚伪，厌恶之下被流放到了江南。大江南北闯了半辈子，杜淹身上有着很重的江湖气。他所谓的江湖气，坦言之就是下三烂的招数多。

如果说杜如晦是李世民的郭嘉，杜淹就是李世民的贾诩。

他可谓是一个阴毒的谋士，几次三番改换门庭，连亲侄子都可以谋害，既无忠诚，也无情义，作为一个实用主义者只看实际利益，几乎没有道德感可言。然而在杜淹身上，李世民却看到了刘文静的影子，同样可以为达目的不择手段，这样的人治世未必出众，乱局却可堪奇用。对于擅长用奇兵的李世民而言，兵者诡道也，只要大家目标一致，就是同道中人。

武将有武将的沙场，文官有文官的朝堂。

每一个人都有最适合自己的舞台，战国孟尝君养了三千门客，即使鸡鸣狗盗之辈也有用武之地。

毒士，就适合隐形的战场。看不见的战场，往往要比真实的战场更为凶险。

这晚杜淹讲了前秦苻坚与兄长苻法冒险发动宫廷政变诛杀暴君

的历史,讲得生动活泼、眉飞色舞,仿若亲临政变之夜现场,将局势的千钧一发,行动的紧张惊险说得跌宕起伏,使秦王听得津津有味睡意全无。之后杜淹讲到政变成功后,苻坚辞让皇位给庶出的兄长苻法,两人兄友弟恭、互相谦让,直到苻法坚持拒绝群臣劝说,苻坚才"勉强"即位,并且自降帝号为"大秦天王"。

听到这里,李世民发出不屑的冷笑。
"秦王为何发笑?"杜淹明知故问。
"帝位岂是儿戏?苻坚惺惺作态令人作呕。我猜苻法必不得善终。"
"诚如殿下所言,苻法不久即被赐死。"
"哼!假仁假义,最是虚伪。"
"臣敢问秦王,苻坚即位后,苻法该如何做方能自保?"

两人都不再言语,彼此交流了一个眼神,一切尽在不言中。聪慧人交谈,一点就通。
李世民笑了,他心中的计划有了合适的人选。

秦王妃的担忧

  入春以来，秦王妃的失眠愈发严重，偶尔入睡也会被噩梦惊醒而汗如泉涌、心跳不已。

  在她的梦中，太子和齐王用各种方式害死了李世民无数次，下毒酒、派刺客、送烈马、发冷箭……每每惊醒，她总是感到胸口发闷，心悸得厉害，担忧这样的事早晚真的会发生。

  这晚梦中，她看见齐王亲自提刀恶狠狠地拎起她的孩儿李承乾，面目狰狞地给了他亲侄子数刀，捅得李承乾哀号不已、浑身鲜血，最后李承乾痛苦地匍匐在地上，七窍流血地哭喊着"娘亲，娘亲"。

  "乾儿，乾儿！"秦王妃流着泪惊醒，忙不迭地前去确认孩子的状况，见到孩子睡得香甜，心中方才松了一口气。

  "观音婢[1]，你又做噩梦了？"李世民柔声上前，抚摸着王妃的肩膀安慰。

  "我梦到乾儿，乾儿被李元吉杀害，我怕，我真的怕……"王

---

[1] 文德皇后长孙氏小字观音婢。

妃欲言又止，喉咙哽咽。

李世民眼神中浮起几分不忍与自责，伸开双手紧紧抱住观音婢，在她耳边郑重承诺：

"相信我，观音婢，我不会让任何人伤害你和乾儿。"

李承乾今年才六岁，是她与秦王的第一个孩子，出生于武德二年。那年刘武周与窦建德的割据势力声势浩大，严重威胁李唐政权，李世民再次临危受命率兵出征，而秦王妃在家中待产为丈夫祈祷平安，忧心忡忡。原以为天下平定之后自己不用再经历那种担惊受怕、等待丈夫出征归来的忧心日子，没想到如今兄弟阋墙，局势却比那时更为凶险。她每日都会念经回向[1]，希望菩萨保佑家人平安。

秦王妃长孙氏十三岁就嫁给了李世民，两人少年夫妻同甘共苦多年，情深义重不说，性格也在潜移默化间彼此影响。长孙氏八岁丧父后遭到同父异母的兄长排斥驱逐，与胞兄长孙无忌一起来到舅父高士廉家中寄住，自小就知道人情冷暖，其长相虽然秀美，但内心却毫不柔弱。

---

[1] 回向是指在念完经或修行后，将所得到的功德"转归"给众生，让众生受益。

她常庆幸，自己这辈子如此幸运，舅父做主将自己嫁给了李世民。

秦王是她最钦佩的英雄，最深爱的丈夫，同时也承载着最牵肠挂肚的担忧。嫁给如此神武雄豪的伟丈夫，注定要承受寻常女子无法承受的忧虑。她总在佛前祈祷：只要丈夫平安无虞，哪怕献上自己的性命，她也在所不惜。

前些日子，哥哥长孙无忌来访时曾经摒开外人悄悄与她私语，告诉妹妹如今局势不妙，皇帝的心腹大臣都偏向东宫，皇帝的后宫也都天天吹枕边风，太子与齐王的势力越发壮大，对秦王的嫌隙已然公开，长安城朝野上下，都知道东宫与天策府必然要有一场龙争虎斗，你我与秦王一荣俱荣一损俱损，如今箭在弦上不得不发，还望妹妹多劝劝秦王下定决心，我等必效死忠，在所不辞。

秦王妃知道，秦王功业越高，太子猜忌越深，这是一场无可弥合的矛盾，兄弟之间的形势早已陷入死局。自从房玄龄和杜如晦遭受皇上敕令被驱逐出秦王府后，秦王整日闷闷不乐，无人的时候也会对她抱怨两句，说国家每次遇到盗寇，皇上总会让他去讨贼，等到得胜归来又对他猜嫌益甚。父皇到底把他当什么看待？夜壶吗？

作为一个女人，秦王妃能做的有限，只能尽力讨好后宫妃嫔，让她们偶尔也能说点秦王的好话。虽然她心里也清楚，如今皇帝的后宫几乎已全是太子党的势力，她还隐隐听闻太子、齐王与皇上宠妃张婕妤、尹德妃关系匪浅，恐怕没少给皇上进秦王的谗言，怎能不担忧。

树欲静而风不止。长孙氏本心并不想参与政事，只想安心做好李世民的妻子。之前秦王事务繁忙，曾经打算让长孙氏管理秦王府的一些政务，而长孙氏回答："《尚书》有云：'牝鸡司晨，惟家之索。'妾身一介妇人，做好妻子的本分便是，岂敢干预政事？"秦王笑笑，也就不勉强了。

长孙氏的舅父高士廉如今也在秦王麾下，之前家宴时他酒后义愤填膺为秦王鸣不平，醉意下差点脱口而出"夺位"二字，被李世民用力掷杯喝止，在场之人皆是心腹亲信，见秦王反应如此激烈都很讶异。莫非秦王真的顾念兄弟之情放下了夺位之心？房玄龄和杜如晦不在，其他人多是武将出身，猜不准李世民的心思，一时都噤若寒蝉。

从那之后，李世民严厉禁止秦王府的人谈论东宫，违者军法处置。在部下亲信面前，李世民始终表现出对大哥李建成的尊重，说长兄如父,太子长我十岁,从小待我恩义深重,若其真有害我之心,我也毫无怨言。

秦王到底怎么想的?作为枕边人的长孙氏也吃不准,不过她相信自己的丈夫绝不是那种心慈手软、束手待毙的人,天策上将征战无数,必然有他自己的部署。

那么在他说出真正的决定之前,自己只要选择相信他就好。

长夜将明,东方泛白,一切终将有个结局。我的夫君,无论前方是福是祸,无论你选择做忠臣孝子,还是乱臣贼子,我都陪你。

李建成的犹豫

李建成不明白,自己为何会变成如今这样?

惊惧、惶然、嫉妒、愤恨、不甘、煎熬。

这些年他这监国太子当得如履薄冰。

自从武德四年(621年)李世民大胜归来,在长安城朱雀大街凯旋引来万众欢呼后,秦王那身披黄金甲的风光画面就时常萦绕在李建成的脑海里,挥之不去。

二弟天纵雄才，龙凤之姿，或许他才应该是真命天子。

每次这个念头一浮现，他心中的嫉妒与恨意就会不自觉地淌出，令他心烦气躁、辗转难眠。

母亲窦氏生前育有四子一女，其中三子李玄霸早逝，唯一的女儿平阳公主于武德六年（623年）去世，如今一母同胞的兄弟姐妹只剩下二弟李世民与四弟李元吉，那可是从小一起长大的血肉至亲啊。父母都是重视家庭的人，从小教导他们要兄弟齐心、彼此友爱，作为年长许多的大哥，生性仁厚的李建成从小就自觉照顾着弟弟们。那时多好，兄弟们和睦融洽，晋阳起兵后并肩作战意气风发，军中亲切地称呼他们为"大郎"和"二郎"。

可是不知不觉间，一切都变了。自己的弟弟变得比以往所有的敌人更可怕。

李建成已三十六岁，二弟李世民二十六岁风华正茂，四弟李元吉二十二岁年轻气盛，曾经的手足情深如今已水火不容。这一切，到底是谁的错？

或许谁都没错，只怪天意弄人。

如果父亲不是皇帝,如果自己不是太子,那他必然会为李世民的功绩骄傲自豪,会带着最真挚的心情恭喜他凯旋,与他痛饮干杯。然而武德四年(621年)六月的那次庆功宴,李建成发觉自己每句话都言不由衷,连笑容都是假的,只为虚饰内心的不安。李世民越是战功卓著、威望日隆,他这个太子就当得越危险。

如果天下没有大乱,他们也不用起兵;如果不是为了皇位,两兄弟也不至于争得你死我活。此时的他们代表的不仅仅是自己,还背负着一大家子人以及亲信部下的身家性命,谁也没法退出这场权力的游戏。李建成读的史书不少,想起历史上无数前车之鉴,感慨如今自己也身处局中,不禁悲从中来。正如三国时曹丕曹植兄弟之争,胜者才有资格决定败者的死活。此时的李建成还不想手足相残,他只希望自己能够有自保的能力,万一最坏的情况发生也不至于坐以待毙。

太子洗马魏征多次劝谏太子先下手为强,狠下心来诛杀秦王。李建成并非软弱之人,可每每念及儿时光阴,他总想逃避。

此时的他,还抱有几分不忍,几分侥幸,乃至几分对手足之情的坚信。他所了解的李世民是个从小性情刚烈豁达、重情重义的好男儿,自己顺利登基之后,万一他会像周公旦辅佐周武王那样帮自己呢？

四弟李元吉一直站在他这边，对于杀掉李世民的事比李建成还上心，之前秦王陪同皇帝去齐王府，李元吉就已在寝宫埋伏好杀手准备直接刺杀，幸而李建成事先得到消息及时制止，才没让此事发生。

事后李元吉大为光火，埋怨李建成："机不可失时不再来，以后李世民有了防备我们再下手就难了，我要杀他又不是为了我自己，也是为了大哥你的位置能坐稳啊！今天你不忍心杀他，将来死的就是我们！"

对，李元吉和魏征说得都对。李建成心里何尝不清楚，可他就是迟迟下不了决心。即便不忍动手，也必须警惕秦王的武装势力，所以对于自身武装力量的加强是必要的，为了对抗秦王府的精锐亲兵，李建成也四处招募骁勇之士扩充东宫，建立了一支新军名为长林军，人数达两千余人。东宫的诸坊内，还安插了幽州突骑三百，一旦事态有变都可成为应对的机动力量。

然而，那三百名幽州骑兵刚刚潜入长安，就被人告发给了皇帝。太子私自招募武装入京，这是可以上升到谋逆的大罪，然而李渊最终只是不咸不淡地责骂了李建成，也没有深究，只是意味深长地告

诉太子，做事还需要更谨慎。

李建成有一位心腹大将名为杨文干，之前一直宿卫东宫，如今在李建成的提拔举荐下成了庆州都督，独当一面。杨文干向来为李建成所恩宠，但凡太子有所吩咐必然肝脑涂地也在所不惜。东宫需要勇士，杨文干就派遣壮士增强太子实力。只要是太子的命令，杨文干在所不辞。

不料武德七年（624年）六月，杨文干竟突然在庆州起兵造反，引得朝野震惊。毫无疑问，在众人看来，这场突如其来的反叛，背后矛头直指东宫。

此前的初夏，皇帝李渊与李世民、李元吉等人都在长安城以北的玉华山仁智宫避暑，留下太子监国。太子李建成趁此机会，让手下的郎将尔朱焕与校尉乔公山给驻扎在庆州（同在仁智宫以北）的亲信大将杨文干送去一批盔甲和兵器。李建成本意是想借此机会增强杨文干的实力，以备他日不时之需，然而太子私自送盔甲兵器给地方大将，这怎么看都是别有用心的表现。此时的李建成到底有没有铤而走险的想法，谁也说不准。

尔朱焕与乔公山作为太子亲信，实在成事不足败事有余，竟然因为太过害怕而选择禀告皇帝说太子要反，将主子彻底卖了。皇帝震怒，让太子给个合理的解释。李建成以头抢地，几乎是以要把自己撞死的力气赔罪，始终坚持自己是一时糊涂，想增强自己亲信的实力有备无患，虽有私运甲胄之实，绝无谋逆造反之心。如果自己真有谋反之心，如今手握监国大权，何必亲自前来仁智宫请罪？

　　太子的话不无道理，李渊越发觉得此事蹊跷，可皇帝的怒气并没有消，派人将太子监禁起来每天只提供小麦当作饭食，并且第一时间派遣司农卿宇文颖前往庆州找杨文干一探究竟。宇文颖这一去，谁也不知到底跟杨文干说了什么。

　　随后，杨文干就真的反了。
　　反得莫名其妙，反得好像成心要置太子于死地，让李建成百口莫辩坐实了罪名。监禁中的李建成心如死灰，只觉得自己似乎掉入了一个巨大的陷阱里。他不知道中间到底发生了什么，会让一向以自己马首是瞻的杨文干做出如此没头脑的举动。思来想去，没错，一定是李世民，这个人诡计多端不择手段，必然在其中做了手脚！万事休矣，我已没有活路。李建成终于意识到自己曾经的犹豫不决，对兄弟之情抱有期待是多么可笑。

随后，李世民奉旨出征，没几日就平定了叛乱回京。据说皇帝出征前答应秦王，回来就许诺太子之位。

然而事情又发生了诡谲的变化，正当李建成以为自己必死无疑的时候，父皇对他的怒气竟然消了，只是谴责他们兄弟之间不和睦，以后引以为戒，就结束了。他依然当他的太子，秦王依然还是秦王，仿佛什么都没有发生过一样。唯一的处罚，是将东宫的太子中允王珪、左卫率韦挺以及天策府的兵曹参军杜淹流放，罪名是离间皇子。

杜淹？天策府？好你个李世民！

李建成更加确定了心中的揣测，这次秦王平叛有功，怎么反而手下受牵连流放，必然是父皇英明，查到了背后是李世民在搞鬼！

李建成还打听到，李世民亲自为杜淹饯别，赠黄金三百两。若非立了大功怎会如此重视！李建成询问手下谋士，得知杜淹素来诡计多端，是个出了名的毒士，此次杨文干事件前后诸多疑团，想必都是出自此人之谋。尔朱焕与乔公山再也找不到踪影好似人间蒸发，莫非早就被秦王府所买通渗透？李世民，你到底还藏了多少我不知道的手段？

此次大难不死让他算是看透了李世民，看透了当下的形势，不是你死就是我亡，没有第三条路可以走了。

兄弟，去他的兄弟情。
杀意已决。李建成不再犹豫。

李元吉的焦躁

在杀李世民这件事上，李元吉比谁都积极。
一想到因为太子优柔寡断、妇人之仁，错过了多少次良机，李元吉实在感到痛惜。

按理说太子和秦王争皇位，两位都是自己亲哥，齐王完全可以作壁上观保持中立，不去蹚浑水，反正谁当了皇帝他都可以继续当他的王爷，可李元吉比李建成更恨李世民，早已将李世民视作眼中钉，巴不得亲手射杀自己这位二哥。
李元吉如此厌恶二哥，主要是因为二哥更厌恶他。

二哥从小就讨母亲喜欢,由母亲一手带大,而自己尚在襁褓时,就因面相丑陋遭到生母窦氏抛弃,还是母亲的丫鬟陈善意偷偷将他带回家抚养一段时间后告诉了李渊,这才让李元吉顺利活下来。从小遭母亲嫌弃的李元吉长大之后个性乖张残忍,常让奴仆们互相殴打来找乐子,导致府中奴仆死伤颇多。乳母陈善意看不过去好言规劝,竟让李元吉恼羞成怒,派了手下将她活活打死。李世民得知此事后大怒,对李元吉的所作所为反感至极,从此只要见到他就毫不掩饰地露出嫌恶神情,刻意疏远。

哼,不过是一个卑贱的奴仆而已,还真把自己当我的母亲,对我说三道四,死了就死了,又何足挂齿?二哥假仁假义,真以为自己是什么君子?虚伪!

还有一件事,当初李渊让李元吉镇守并州,结果遇到刘武周来犯时,李元吉二话不说带着老婆们逃回长安,弃全城将士百姓于不顾,致使并州沦陷,最终还是李世民带兵夺回来。同样面对刘武周,李世民亲自率领轻骑去敌人阵营侦察,遇到危险毫无畏惧,且战且退、威震敌营,从此李世民就更加看不起李元吉。

之后李渊让李元吉跟随李世民出征积累军功,李元吉和李世民部下相处也都闹了很多不愉快,尤其是那个尉迟恭,李元吉一想到他就来气。有一次军中比武，尉迟恭当着众军士的面三次夺走李元吉手中的马槊大笑，让他颜面扫地。

李元吉仰仗着出身自视甚高，从不把部下的命当回事。他认为人生来就有高低贵贱，就如虎豹生来就要吃牛羊，此乃天经地义。我们李家世代勋贵，如今又贵为天下之主，杀几个低贱之人怎么了？射杀俘虏怎么了？踩踏民田、抢夺鸡鸭牛羊又怎么了？当贵族不就是为了驱使百姓吗？不然我们打仗争地盘为了什么？

思想与价值观的不同，注定这对一母同胞的兄弟永远不会是一路人。

李元吉从小就跟大哥生活在河东老家，而父亲和二哥住在太原，在李元吉眼中，大他十四岁的李建成就是心目中理想的父亲。无论自己做什么，大哥都那么宽容那么体谅，少年时他们一起打猎，骑快马如龙，拓弓弦作霹雳声，箭如饿鸱叫，奔驰山野快意洒脱。如今在这长安城，处处受制约，好生难受。这一切都是李世民的错，大哥是名正言顺的太子，将来当了皇帝我又可以想做什么就做什么，而李世民当皇帝，我肯定过得不自在。

一想到此，李元吉又开始焦躁不安。

可二哥确实能打，大唐的江山一大半都是他亲手打下，他手下那些猛将自己都见识过，个个都称得上当世名将。尤其是那个尉迟恭，竟能让自己最拿手的马槊输得没有脾气，如果能收为己用该多好。李元吉私下里多次重金贿赂过尉迟恭，都被严词拒绝，这让他恨得牙痒痒。可恶！本就是个降将去投靠了李世民，为什么会这么忠心！为什么又是这样！从小到大自己钦佩的人，永远都看不上自己！既然得不到，那就杀了他！然而派出去的刺客要么就没有活着回来，要么就是不敢刺杀逃回来的……李元吉不死心，多次在皇帝面前诬陷尉迟恭、程知节等秦王心腹，想让他们下诏狱感受一下地狱的滋味，可惜最后在李世民的拼命求情下都没能如愿。

还有那个张亮，之前是王世充手下的走狗而已，还以为会是个软骨头，可以从他身上敲开口诬陷秦王……

当时张亮作为秦王府的车骑将军坐镇洛阳，李元吉找到机会诬告张亮意图谋反，下狱严刑拷打希望他可以反咬秦王一口，结果竟是个油盐不进的硬骨头，愣是什么也没说出口，咬着牙挺了过去。服气，真是服气，自己最佩服有骨气的汉子！最终还是把他放了出去。李元吉不明白，为什么秦王的部下以前都可以轻易改换主子，而如今到了秦王麾下竟都成了铁骨铮铮的硬骨头。

算了，不想那么麻烦了，擒贼先擒王，直接杀李世民。

李元吉从小没有耐心，文不成武不就什么都坚持不下去，唯有在弄死李世民这件事上，甚是有恒心。只要二哥活着一天，李元吉的心里就翻江倒海，焦躁难平。

武德九年（626年）二月，日渐得到皇帝宠爱的李元吉任司徒兼侍中、并州大都督等职，一时风光无限。

李元吉从后宫的眼线处得知，父皇早已偏向太子，之前杨文干造反事件都没让东宫倒台，看来李世民大势已去。他曾试探父皇的态度，告诉父皇李世民在东都洛阳收买人心散财树恩，暗结逆党图谋不轨云云，建议父皇早点下令杀掉他。

父皇的话意味深长："秦王打天下有大功劳，目前没看出什么罪行，没理由杀他。"

啊哈？父皇这态度，不就是默许我们可以杀他吗？

李世民，你死期快到了！

李元吉得到父皇的默许与李建成的认同，开始变本加厉地想办法杀死李世民。

下毒酒、派刺客、皇上面前进谗、后宫之中传谣言，能想到的他都试了，结果都是无功而返。

焦躁啊！焦躁！

李世民你怎么就不能老老实实去死呢？

你活着对于父亲、大哥和我都是痛苦你知道吗？

你快去死啊！

去死！

终于让李元吉等到了最好的时机。

突厥数万骑兵入侵黄河南岸，围攻武城，军情告急。太子举荐齐王李元吉代替秦王李世民率军北伐，得到了皇帝的许可。李元吉军权在握，立刻要求秦王府的尉迟恭、程知节、秦叔宝等骁勇将领随军出征，凡是秦王手下的得力干将统统不放过，一一写入点将名册。

太子告诉李元吉，这次出征北伐是大好良机，他们没有任何拒绝的理由，一旦大军开拔你手握生杀大权，如果他们不服你便可全部杀掉以绝后患，顺便以我的名义邀请秦王在昆明池给你饯行，到时候一声令下，刀斧手冲出，立斩李世民与其手下一干人，我们就彻底解决心头大患了。

妙计啊，妙计！大哥终于开窍了，早该如此！

二哥，这次你在劫难逃了吧？

这一晚李元吉喝得格外舒畅，恨不得出征之日早点来临，若能亲眼见证李世民的死状，何其快哉！你死了以后，我睡觉才更香，喝酒才更甜哪！

李渊的恐慌

坐在龙椅上，李渊偶尔会想，自己这个皇帝的位置，还真是托了孩子们的福。李建成擅长内政，又得到关陇诸多世家大族的青睐；李世民更不用说，攻城略地打下大唐北方的半壁江山；相比之下李元吉虽然逊色许多，不过好在这些年打仗也算有功，如今成熟不少，看他也逐渐顺眼起来。

儿子们如此有出息，这要是换在寻常人家里，当爹的睡觉都会笑得合不拢嘴，可他如今是皇帝，这事就变得无比复杂揪心。李渊已经六十一岁，多么希望家人和睦，自己能安享太平。他曾反复劝诫李世民不要有夺嫡之心，最好能效仿周公旦那样辅佐兄长，而李建成也能像周武王那般照顾信任自己的弟弟们。固然决心让李建成即位，但手握军权又在军中威望甚高的李世民怎么也绕不过去，将来太子即位之后，实在难以想象会有多大的压力，难免引发更大的腥风血雨。李渊当然清楚，李元吉多次诬陷秦王就是想给自己一个理由削弱李世民乃至除掉他以绝后患，尽管他不希望在活着的时候就看到骨肉相残的惨剧，但如今矛盾越来越大，自己必须忍痛割爱。这不是出于一个父亲的本心，而是作为大唐的皇帝，必须为江山社稷的稳固狠下心来。

当断不断，反受其乱，不如快刀斩乱麻，让李元吉借这次出征的机会，清理掉李世民的肱股良将，解除他在军中的势力。秦王府如今除了少数心腹，都已经让李渊调任外职不得轻易见面，他已经为太子做得足够多，接下来会发生什么，就看太子的手段了。以他对李建成的了解，也许李世民失去武装威胁后，至少会保留一条性命做个平民。然而，做父亲的还是不够了解自己的儿子，甚至低估了李世民。

大唐武德九年（626年），六月初一，天生异象，太白经天（金星凌日，地球、太阳、金星在一条直线上），李渊见之感到不祥。时隔两日，初三，太白金星再次出现在上中天，太史令傅奕密奏李渊："太白见秦分，秦王当有天下。"所谓金星的光芒要盖过太阳了，主谋反。李渊大为恐慌,当即下令召秦王入宫。

太极宫,秦王李世民跪倒在地,听着父皇怒不可遏的训斥,面色发白神情痛苦,只能一言不发。李渊看着儿子一副委屈的样子多少也有些心疼,问他:"你有什么可以解释的吗?"

李世民凛然道:"若父皇已起杀心,君要臣死臣不得不死,多说无益。"

"朕是问你,是否真的有谋反之心?"

"太子与齐王早想置儿臣于死地,如今儿臣如何解释,父皇真的愿意信吗?"

李渊闻言一阵悲凉,哀叹下陷入沉默。李世民说得没错,如今秦王的困境,说到底是他这个父皇一手造成的。李世民目前并没有做错什么,自己却一步步把他往绝路上逼,确实太狠心。

"父皇,事已至此,儿臣有一事深藏心中,今夜不得不说。"

"说!"

"太子李建成、齐王李元吉不顾人伦,与父皇后宫妃嫔淫乱,此事千真万确!"

"胡说!"

"二人常借故亲近张婕妤与尹德妃,实为私通,灭绝人伦!父皇若是不信,可找二人来与我当面对质!"

"混账话！宫禁之事，你如何得知！"

"儿臣以性命担保，绝非虚言！"

李渊怒火中烧，几乎是嘶吼着令人传唤太子和齐王进宫。

"如若证实诬告，朕定不轻饶！"

李渊看李世民神情，显得像煞有介事，莫非真有其事？这一夜，李渊忽然发现，自己可能从来都没有真正了解过皇子们。

李世民离开太极宫，来到玄武门前，见到玄武门守将常何正在等他。两人相视点头，一切尽在不言中。城墙之上夜色诡谲，恰如人心底色。这一颗决定胜负手的棋子，他已经隐藏了太久，该是亮相的时候了。

恩怨玄武门

玄武门，位于大唐皇帝寝宫北面，是进入皇宫最重要的通道，素来重兵把守警戒森严。

六月初四，天还未亮，太子和齐王带领人马匆匆赶到玄武门，心中为父皇突然的传唤兀自忐忑。唐朝宫禁森严，饶是皇子也不能带着随行武装入宫，只能在玄武门外等待。

太子和齐王并肩骑马进入宫门，见到玄武门守将常何向二位皇子行礼，光线昏暗看不清表情。

太子素来交好宫廷守将，尤其是这个常何，他一直以为，常何早已是他的人。

常何到底何许人也？

他是大唐皇宫最重要的城门——玄武门的城门郎，总领北门之屯军，是整个皇宫护卫中最关键的职位。没有皇帝李渊深重的信赖是坐不上这个位置的。没有人知道，被视为太子亲信的常何，早在多年前就已经誓死效忠秦王，成了李世民最隐秘，也最重要的暗桩。

这场权力较量的棋局，李世民从未轻易冒险。

他的布局，始终在所有人真正看清形势之前。

马蹄嗒嗒响着，回响在空旷的宫墙内，一股说不清道不明的诡异感涌上二人心头。

"大哥，我觉得不对劲！"齐王率先说话。

"不要慌张,宫中禁军都是我的人,李世民绝不敢在此造次。"太子安抚道,可心里也暗自觉得不对劲。今夜入宫前,张婕妤已经托人转告他,李世民在皇上面前告发二人淫乱后宫的丑事。且不论对方有没有证据,自己只要抵死不承认,父皇一定不会追究。直到此时,李建成还以为这种诡异的氛围是心理作用。

二人行至中途,忽然不约而同勒马驻足。

真的不对劲,玄武门内本该守卫森严,如今却安静得像一座空城,一个活人都见不到!

嗒嗒嗒。

后侧传来第三个人的马蹄声。

两人同时回望,面露惊诧!

李世民!

全身甲胄、满脸杀气的李世民!

李世民目光冰冷地注视着两位兄弟,手中握着那把行军打仗常年携带的特制长弓,在黑夜中缓缓靠近。他的身后,渐渐出现尉迟恭、程知节等猛将的身影。

什么都不用说了，太子和李元吉见到这等阵仗，就已知大祸临头。

"我们的恩怨，就在此了结吧！"秦王嘶吼着，手中长弓已然拉满，箭头直指李建成。

"李世民！"李元吉怒吼，惊恐中下意识地取过身后弓箭，然而事态紧急，太过慌张，竟然连拉三次都没法拉满弓。

李世民二话不说一箭射出直中李建成的胸口，太子应声倒地。

尉迟恭当即率领七十多名骑兵冲向李元吉，势如猛虎扑兔，左右弓箭齐发，瞬间将李元吉逼得坠马。李元吉起身死命狂奔，逃往宫中临湖殿附近的小树林躲藏。李世民一马当先追在最前方，可此时双手忽然不由自主地颤抖，浑身直冒冷汗，一时驾驭马匹出了纰漏撞到了树枝也摔落马下。

李世民在林中一阵翻滚，身上的长弓掉落一旁，只感觉浑身疼痛，心里更是前所未有地难受。

不远处的李元吉见到李世民坠马，疯了一般冲出来一把拾起地上的长弓，将弓弦套在李世民脖颈上铆足了劲地勒他。眼看李世民满脸涨红透不过气，生命危在旦夕之际，尉迟恭及时赶到一箭射中李元吉，再次救下李世民的性命。

李世民起身猛喘气，眼睛却盯着李元吉的尸体，好一阵子回不过神来。他本以为自己会如释重负，但没有，丝毫没有轻松的感觉，反而感觉似有千斤重担压在心头，十分苦涩。

尉迟恭没留意他的出神，按照计划走向李元吉，挥刀砍下了齐王的人头。

是夜，东宫与齐王手下精兵后知后觉意识到主子遇险，全力猛攻玄武门至天明，直到尉迟恭手持李建成、李元吉头颅示众，众人才心灰意冷，溃散而去。

随后，尉迟恭浑身鲜血、手持长矛，旁若无人地来到皇帝面前，吓了李渊一跳，还以为自己在做噩梦。

李渊惊问："今天是谁在作乱？你来这里又做什么？"

"太子和齐王举兵作乱，秦王带领我们已经诛灭，生怕惊扰圣上，所以让臣来给圣上请安。"

李渊一下明白过来，纵使老泪纵横，也都为时已晚。

玄武门之变三天后的六月初七，李渊立李世民为皇太子，全部政务皆由李世民决断。

两个月后，李渊禅让皇位，成为太上皇，从此不问政事，不出深宫。

627年，李世民改年号"贞观"，大唐即将迎来青史留名的"贞观之治"，而李世民也成了四方宾服的天可汗，成为千古明君的代名词。

贞观十七年（643年），距离玄武门之变已十七年。太子李承乾与魏王李泰因夺嫡心生嫌隙，李承乾勾结汉王李元昌、驸马都尉杜荷、大将侯君集等人谋反，事情败露证据确凿，李世民惊诧之余大为痛心。李元昌是自己的七弟，杜荷是杜如晦的儿子，而侯君集则是曾经参与玄武门之变的心腹功臣，时过境迁物是人非，同样的悲剧又一次在自己的家族上演。当自己站在曾经父皇的位置，才体会到当初父皇的悲痛之深切。

是年，李世民想起多年前的玄武门之变，感怀往事百感交集，一改之前李建成的谥号"息王"，重新恢复他的太子身份，谥号"隐太子"，多少表达了他对这位大哥的同情与理解，而李元吉的谥号不变，始终是一个扎眼的"刺"。每当想起自己亲手杀了大哥，李世民心头依然隐隐作痛；可当他想到玄武门之变也弄死了李元吉，心中又好受了许多。

历史的车轮滚滚向前,前方等待李唐王朝的,还有更为血腥的大清洗,兄弟与父子争权之后,这次轮到的是夫妻与母子。而此刻引发这场大杀戮的女子,还在李世民的后宫中默默无闻。

饶是李世民英明一世,也算不到自己的子孙后代险些都断绝在一个女子手中。

当李世民在翠微宫溘然长逝,那个女子的命运也将迎来巨变,属于她的黄金时代正在缓缓拉开帷幕。

> 朕要让天下人知晓，女人也能成为天子。
>
> ——武曌

尼姑明空

感业寺的银杏黄了。

院子里昨晚又疯了一位先帝的妃。

夜里传来撕心裂肺的尖叫，第二天人们就再也没见过那人。

尼姑明空害怕自己迟早也会这样，不由得摩挲了几下毛糙的光头，叹息人生无常、光阴无情。

霜降刚过秋风凉，感业寺傍晚的钟声愈显空寥悠旷。晚课后明空无端躁得慌，身在佛前长跪念经，心却始终难以宁静。夜晚入寝前，她望着皎洁月色照着一地金黄银杏，仿佛留不住的青春。

银杏每落一回，她就衰老一岁。

秋去冬来，剃度出家已三年。

怕不是三年之后又三年，三年之后又三年，转眼老死无人惦念。

这该死的地方就是一个扼杀青春的牢笼，困住她渴望自由的灵魂。

灵慧如她，美貌如她，怎甘就此蹉跎余生？

三年前，她曾叫武媚，是皇帝后宫中的才人。

后宫中，等级最高的自然是皇后，其次是一品贵妃、二品嫔、三品婕妤，婕妤之下还有四品美人，美人之下才是五品才人。从小进取心极强的她，绝不甘心只是个才人。她很努力地想上位，可是事与愿违，也许是皇帝太忙了，也许是他不喜欢她，武媚在后宫待了十二年始终没有子嗣，以至于先帝驾崩之后，被迫出家到感业寺。

她想起最疼她的母亲说，大唐第一相师袁天罡见过小时候的她，说她龙睛凤颈，日后贵不可言。她以为有了袁天罡这话，入宫后至少也是个贵妃，没想到老皇帝压根儿就对她没兴趣，唉！果然算命师的话信不得。

自小就是美人坯子的武氏,方额广颐、皮肤白皙、目光如炬,豆蔻之年已然亭亭玉立,见者无不倾心。美人无须自夸,他人自会传扬。武二娘的美在并州越传越广,最终流传到了皇帝耳中。十四岁时,她就收到皇帝的征召进宫,命运就此改变。

小时候,阿武曾拥有过幸福的童年。

她的父亲武士彟,原本是个经营木材的商人,赶上隋炀帝统治期间大兴土木,对木材的需求量巨大,让她父亲倒卖木材成了暴发户。有钱之后,武士彟不满足仅仅当个富豪,更希望提升社会地位光宗耀祖,于是花钱买了个小官,叫鹰扬府队正,带领着手下五十余兵,自己对此感到满足。

后来天下大乱,隋朝大厦将倾,武士彟极其有眼光地选择跟随李渊起兵,将身家性命全部押了上去,最终换回了丰厚的回报。李唐天下坐稳之后,武士彟也迎来真正的飞黄腾达,一路升迁到三品工部尚书,得到皇帝器重。

武士彟原本有位发妻,生了两个儿子,一个叫武元庆,一个叫武元爽。

发达后的好日子没过多久,武士彟之前的老婆就过世了,不久就在唐高祖李渊这位皇帝级媒人的介绍下,娶了新一任妻子。

武媚母亲的来历可不简单,她姓杨,父亲和伯父都是隋朝的宗室,也都做过宰相，是名副其实的金枝玉叶，要不是皇帝亲自牵线做媒不好推却，在那个极其看重门第的年代，八成看不上武士彟这个暴发户的出身。阿武的母亲从小不做家务，不做女红，就爱看书，信仰佛教，特立独行、秀外慧中，年轻时拒绝了不少世家公子，一直拖到四十四岁高龄，才在皇帝的介绍下嫁给武士彟。两人奉旨成婚后，夫妻感情却意外不错，一口气生了三个女儿，其中老二就是武媚。

十二岁之前，她有爹娘的疼爱，姐妹的陪伴，过着无忧无虑锦衣玉食的幸福日子，耳濡目染之下，她从小就爱看书，对文史典籍信手拈来，聪慧过人，性格也愈发飒爽果敢，骑快马如龙，巾帼不让须眉。

她娘曾惋惜道："若你是个男儿身，定可文成武德建功立业，可惜你只是女儿身。"她很不服气，心想：凭什么女子就天生不如男？终会有一天，她要证明自己不输给任何男人。

大唐贞观九年（635年），开国皇帝李渊驾崩，随后不久武士彟也伤心过度跟着过世，享年五十九岁。这一年，武媚十二岁。

父亲过世后，并州都督李勣亲自前来监管葬礼，为武家忙前忙后好生照料，这给少年武媚留下相当好的印象。当时的少女自然想不到，许多年后这位大叔还会在她的人生中起到关键作用。

父亲刚死，大哥二哥就露出无耻的真面目，伙同两个堂兄武惟良、武怀运，欺负起武媚母女四人。他们非但不代替父亲好好照顾她们母女，还动不动冷嘲热讽、颐指气使，言语之间竟想将母女四人赶出去，不分得一点财产。忍气吞声两年间，武媚暗中发誓，将来有一天会将所有受过的气加倍奉还，不，十倍奉还！

十四岁那年，武媚意外收到皇帝的征召，让她进宫当才人，听到消息后她娘哭得很伤心，她却意识到这是一次难得的翻身机会，必须把握。她笑着告诉娘亲，当今天子英明神武，大唐国力昌盛，能够一朝选在君王侧，焉知不是福气？娘亲，您在这儿忍忍，女儿入宫之后必当尽心侍奉天子，讨得龙颜欢喜，将来我们好生扬眉吐气！

进宫之初，皇帝确实喜欢过她一阵子，还给她取了个新名字叫武媚，可是新鲜劲儿一过加上国事繁忙，渐渐遗忘了她的存在。多年过去，她始终还是个才人。有一个叫徐惠的才人本是与武媚同时进宫，却在这十二年中备受皇帝宠爱，从才人到婕妤再到徐嫔节节高升，死后还成了徐贤妃。

她怎会甘心认命？既然皇帝不主动，她就自己把握机会，让皇帝注意到。

有一次，皇帝带着后宫佳丽们参观一匹彪悍的烈马——狮子骢。皇帝感慨道，马是好马，可惜性子太烈没人降伏得了。

人群中的武媚听到这话，猛然意识到机会来了！她打小就爱骑马，非常熟悉如何降伏烈马，立刻挺身向前毛遂自荐："陛下，让我试试，我有信心可以驯服它。"皇帝大为意外，好生打量了她一会儿，才想起此女的名字是武媚。

"如何驯服？"皇帝怀疑道。

"只要陛下给我三件东西：铁鞭、铁锤、匕首，我一定可以驯服烈马。我先用铁鞭抽，不听话再用铁锤敲，还不听话就用匕首刺，直到它听话为止。"她自信满满地说完，突然发现皇帝看她的眼神中透露出几分讶异。

武媚，你心够狠。皇帝点点头，重新审视了她几眼——眼神凛冽，貌似夸奖实则暗贬，他不再说什么，此事也不了了之。自此之后，皇帝对她反倒越发冷落。

她相信事在人为总有出头日，可有些事并非越努力越幸运，尤其是感情。她终于意识到，归根到底她不符合皇帝的偏好，他喜欢温柔如水的女人，而她骨子里始终是个"小辣椒"，此事无解。

后宫的日子枯燥漫长，没有皇帝宠爱的武才人无所事事，只能将精力放在博览诗书上，不知不觉间，聪慧的她无师自通地从各种史书上学到了不少可贵的政治斗争经验，她其实也不知道学这些帝王手段有什么用，反正闲着也是闲着。

十二年过去了，出人头地的目标似乎遥遥无期。

她不甘心，她不服气，她决定铤而走险。既然老皇帝迟早要驾崩，那不如将赌注押在太子身上。趁着老皇帝病重需人照顾之际，她巧妙地让太子注意到了自己，眼波流转之间一颦一笑皆如蜂媒蝶使。

贞观二十三年（649年），五月二十六日，终南山翠微宫，一代明君李世民，因风疾与痢病加重与世长辞，享年五十二岁。

皇帝驾崩，按照惯例大部分没有子女和特殊才能的后宫女子，都要出家当尼姑。

二十六岁，风华正茂，可她无法反抗命运，只能乖乖出家。

青灯古佛、念经吃斋，难道一辈子就这样了吗？

很快，她想起了那个男人，那个如今坐上龙椅的九五至尊。

他是唯一能改变现状的救命稻草。

不如，搏上一搏。

深夜的感业寺，她满怀深情写下一首情诗。

如意娘

看朱成碧思纷纷，憔悴支离为忆君。

不信比来长下泪，开箱验取石榴裙。

唉！如今他贵为天子，而她只是一介尼姑，天壤之别犹如天堑。

他，还会记得我吗？阿弥陀佛。

口中阿弥陀佛，心中红尘牵绊。

李治

他叫李治，小名雉奴，今年二十二岁，职业是太子。

他的父亲是四方宾服的天可汗李世民，他的母亲长孙皇后是唐太宗一辈子的最爱,他的舅舅是凌烟阁二十四功臣之首的长孙无忌。他的父皇有十四个儿子,他排行老九;他的母后有三个亲儿子,他排行老三。

按理说,这太子之位轮不到李治。
只能感叹一切都是命运的安排,命里有时终须有。

贞观二年(628年)才出生的他,未曾经历过父皇夺位前的波诡云谲,从小在无忧无虑的环境中长大,受到父母和兄长们的疼爱,打小知书达礼、孝顺友睦。

直到贞观十年(636年)夏,长孙皇后因病去世,令时年九岁的雉奴悲痛欲绝,瘦得一度不成人形,让他父皇又心疼又欣慰。自此之后,李世民常命雉奴陪伴左右,疼爱有加。

李治从小安静内秀不争不抢,对待长辈们谦恭礼貌,自然讨人喜欢。
可知子莫若父,李世民认为李治性格太懦弱,言谈举止丝毫不像自己。

年长十岁的大哥李承乾，本是太子的不二人选，然而正是由于四哥李泰太过张扬，处处抢风头，惹得父皇愈发偏爱，逐渐令朝中大臣觉得太子之位可能有变。

不料一场大病让李承乾落下腿部残疾，自此之后他自暴自弃，纵情声色放浪形骸，脑子也逐渐不正常起来，竟然在东宫学突厥人披头散发办葬礼，名声一落千丈。李世民哀其不幸怒其不争，更加坚定了换太子之心。

贞观十七年（643年），不甘心被废的老大也想学父皇当年密谋逼宫，联合了汉王李元昌、驸马杜荷、凌烟阁功臣侯君集等一批人打算让玄武门之变重演一遍。谁知事情败露，人头纷纷落地。父皇不忍处死老大，最终将他废为庶人后流放边陲。

君王家兄弟阋墙、父子相残的事，虽然在史书上见过许多次，但真发生在自己家的时候，才深切感受到此中悲哀。此时威震四方的天可汗，也只是一个悲凉痛苦的老父亲罢了。

老四李泰以为自己的太子之位稳了，疯狂打压其他潜在的竞争者，阴阳怪气地对李治说，知道你跟七叔李元昌关系好，他造反你不知道吗？说得李治心惊胆战。

李世民原本已经想立李泰为太子，谁知他搬起石头砸了自己的脚。

为了早日获得信任，李泰跑到父皇面前发誓，说以后当了皇帝，一定会把自己孩子都杀光，然后传位给雉奴。

李世民面色顿时阴沉下来，重新审视老四。

李治笑了笑说"四哥这话忒没水平"。

远的不说，北齐高家的几个兄弟就是这么干的，不过继位后杀的都不是自家儿子，而是兄弟的儿子。

李泰的野心欲盖弥彰，李世民担心他即位后其他儿子都没有好下场，于是改了主意。其他皇子也开始进入储君人选，比如李恪，比如雉奴。

所有皇子之中，皇兄李恪是最像父皇的，英武果敢相貌不凡，只可惜他的母亲是隋炀帝的女儿，所以赢面不大。唯一可以考虑的嫡子，只剩雉奴了。

李世民犹豫了，在他看来雉奴的性格就不是个当皇帝的料。在这关键时刻，雉奴的舅舅长孙无忌劝说李世民，说李治宅心仁厚知书达礼，将来当了皇帝必然是仁君，一定不会杀害自己的亲人。

那天李世民将李治叫到跟前跪下，让长孙无忌站在他的面前。

李世民说，朕已经决定了，你来当这个太子。你小子要好好感谢你舅舅，还不快给他磕头。

李治大脑混乱，只是一个劲儿砰砰砰给舅舅磕头。

于是乎，本来还战战兢兢的李治，在稀里糊涂的状态下，莫名其妙成了太子。

那一年，他十六岁。

他含着泪送大哥和三哥离开长安贬往穷乡僻壤，看着他们面无生气衣衫单薄，心里不是滋味，如果大家能够回到从前兄弟和睦的时光，他宁可不当这个太子。此时的他还不能理解"皇帝"两个字所代表的意义，也无法打心底接受皇家无情的真相。

刚当上太子，他不认为自己可以胜任这个新身份，时常不知所措、小心翼翼，好在舅舅悉心教导，父皇也对他愈发满意，更是亲自指导帝王之术，比如水能载舟、亦能覆舟，当断不断、反受其乱等。

事已至此,他也只能接受,当好这个储君。

经历过儿子们这些折腾,出征归来的李世民在心力交瘁下身体忽然就垮了。他常怪自己开了个坏头,儿子们都有样学样争抢皇位,很多事轮到自己身上才知道当初高祖的痛。生性孝顺的雉奴,三天两头前往父皇病榻前探望,也就是这段时间,偶然见到了令他怦然心动的女子——武才人。

武才人与他之前遇到的所有女人都不一样。

活了二十余年,李治遇到的女人要么是卑躬屈膝的宫女下人,要么是端庄优雅的贵族女子,都很无趣。第一次遇到像武才人这样散发着青春朝气、活泼灵动的女子,顿时眼前一亮。武才人浑身透着一股鲜活的生命力,她的眼睛很亮,个子挺拔,圆润的脸颊,娇俏的鼻梁,说话声音不大却透着一种韧劲儿,可惜在病榻前的时间太短,没能好好说上什么话。

一见钟情,二见倾心。更让太子惊喜的是,武才人似乎对他也颇有好感,频频暗送秋波。一来二去,他俩之间渐生暧昧,在无人的时候,太子终于把持不住自己抱住了她。

"太子殿下……"武才人娇嗔地推开他,眼神之中却并无责怪之意。

自那之后,李治总是趁着探望父皇的机会悄悄幽会,对武媚日思夜想如同上瘾,转念又会怪自己没有礼义廉耻。

贞观二十三年(649年)五月二十六日,李世民驾崩,庙号唐太宗。李治顺顺当当登基称帝,次年改年号永徽。

在父皇的葬礼上,李治注意到一件事。妹妹高阳公主从头到尾没流过一滴眼泪,甚至显得极不耐烦,摇头晃脑打哈欠,毫无悲戚神色。这让哭得差点断气的李治非常生气,这丫头怎么这么不懂事,敷衍一下演演戏也不会吗?父皇生前那么疼爱她,就因为杀了她一个和尚情夫,她竟如此忘恩负义,真是狼心狗肺。

皇帝驾崩,武才人无儿无女,只能感业寺出家当尼姑。李治刚登基事务繁忙,尽管内心想念,可名不正言不顺,她毕竟是父皇的女人,为免节外生枝落人口实,也只能忍住这份心思,全身心扑在政务上。

刚开始当皇帝,他还很青涩,好在有舅舅的辅佐,权力交接平稳,一时之间政通人和,百姓安居乐业。他对舅舅无比信任,但凡有建议无不采纳支持,不知不觉间朝廷百官也以长孙无忌马首是瞻。当了一段时间皇帝后,他发现当皇帝也没这么难,只要手下有信得过的大臣,完全可以让他们处理大部分事务,自己只负责同意就好。

　　李治的皇后是李世民生前指定的王氏,出身名门望族,知书达礼端庄矜持。李世民非常满意这个儿媳妇,可李治只觉得无趣。王皇后的每一个动作每一句话,他不用看都猜到是什么意思,她就像个木偶人,完全没有自己的个性。成婚多年,李治与她同房的次数屈指可数,每次都像完成任务一样煎熬。这也导致多年来,王皇后始终没有怀孕。与此相反,他对另一个老婆萧淑妃倒是颇为宠爱,李治在她身上感受到几分武才人的妩媚爽朗,灵动俏皮。
　　萧淑妃为李治生下一儿二女,等到他一当上皇帝,就封萧淑妃的儿子李素节为雍王。这个封号按理说要封给皇后的儿子,可他不管,就是爱屋及乌,李治就是这么一个感性之人。

　　工作上的事过渡完后,他又想起了那个气质独特的武才人。她现在过得怎么样,会偶尔想起我吗?

　　熬了一年,他终于等到了时机。

永徽元年（650年），五月二十六日，父皇唐太宗的周年忌，他特意选在感业寺行香祈福，主要目的自然是武媚。

万万没想到，贵为九五至尊的李治，那天当着那么多人的面，仅仅因为见到久违的武媚，在两人四目相对的瞬间就情不自禁地潸然泪下。

尼姑明空什么也没讲，可是所有的感情都在那明亮哀伤的眼眸里。坐拥江山的天子，却没有勇气突破礼教的束缚上前拥抱自己心爱的女子。

阿武，等我。

我一定会把你接进宫，与你长相伴。

王皇后

她是当今皇后，也是孤家寡人。

从晋王妃到太子妃，从太子妃到皇后，她的地位与日俱隆，内心的孤凄却也愈浓。

出身于北朝名门太原王氏的她，父母两边都是皇室姻亲，贵不可言。当初先帝亲自挑中她作为晋王李治的正妻，说此女颇有长孙皇后之神韵，称他俩是佳儿佳妇。

她曾以为，无论出身还是容貌，才识还是性情，自己都是女中鸾凤。命运又如此眷顾她，让她的丈夫顺利当上大唐皇帝。然而如今贵为皇后，她却丝毫感受不到所谓的幸福，所谓的伉俪情深。

每个独守闺房的深夜都格外漫长，她沉默着望向窗外，月朗星稀。是我哪里做错了吗？她一遍遍地反思自己哪里做得不好，让少年夫妻如今貌合神离。

她的舅舅，当朝中书令柳奭反复告诫她，无论怎么样都要怀上圣上子嗣，你所代表的不是你一人，整个太原王氏与河东柳氏都与你一荣俱荣，一损俱损，你要放下脸面想方设法取悦圣上啊！可她也不知道，到底该怎么做才能得到丈夫的心，每当她柔声细语想与丈夫亲近，得到的却只是不耐烦的敷衍。自小就以美貌出名的她，难道在皇帝眼中是不好看的吗？谨守先皇太后《女则》的自己，就这么令人生厌吗？

感业寺行香之后，王皇后听宫女说皇帝与一个尼姑有私情，两人面对面泪眼婆娑，在场有眼睛的人都看出不对劲。她找人一查，得知那个尼姑明空正是先帝后宫的五品才人——武媚。从小接受儒家礼教熏陶的她备受冲击，没想到自己的丈夫竟然会与先帝的女人有私情，这传出去多让人笑话……可恶，他宁愿喜欢一个没有头发的尼姑，一个曾属于他父亲的女人，也不喜欢明媒正娶的妻子……

一番激烈的思想斗争后，她决定搏一搏。相比同样出身名门望族的萧淑妃，那个武媚既没有背景靠山，又侍奉过先皇，对自己不会构成威胁。何不利用皇帝对她的喜爱，想办法将她接进宫，日后为己所用，争夺恩宠。皇帝必然也会因此感恩自己的大度，让她坐稳皇后之位。打定主意后，她派人悄悄通知明空，表示自己会想办法迎她入宫服侍皇帝，让她把头发先留起来。

永徽二年（651年）七月，李治的服丧之期已满，王皇后主动找到皇帝提出接明空入宫，自己不但不会吃醋反对，还会悉心安排好一切。皇帝大喜过望，罕见地紧握住皇后的手，连连感叹，朕的好皇后，你不说，朕还真是说不出口。

就这样，明空以宫女的身份悄悄进了宫，是年她已二十八岁，比王皇后大好几岁。自打明空进宫，王皇后不断释放善意、施与恩惠，有好吃的好用的都会派人送去，又在皇帝面前褒奖她，劝皇帝多加宠幸。明空也很识趣，对王皇后毕恭毕敬，像个乖巧的鹌鹑。王皇后越来越放心，完全把她当作自己人，更是对自己这步棋很是满意。

明空深得皇帝宠爱，不到一年，升为二品昭仪。

永徽三年（652年）十月，武昭仪诞下皇子李弘，在宫中的地位进一步稳固，而萧淑妃日渐受到冷落，也尝到了夜夜独守空房的滋味。活该，你也有今天！王皇后在心里暗笑。

一切都按照王皇后的预想发生，王皇后以为自己是高明的棋手，直到一件事突如其来地发生，她才如梦初醒，到底谁是谁的棋子？

永徽五年（654年）年底，武昭仪生了一个女儿，长得粉嫩可爱，王皇后也甚是喜欢，一得空就会去逗弄小公主，弥补一下自己无法做母亲的遗憾。谁料那天王皇后正逗弄婴儿，武昭仪忽然有事出去久久未归，等皇后离开后不久，宫中忽然传来小公主暴卒的噩耗，顿令皇后大惊失色。更为惊恐的是，武昭仪上奏皇帝，说小公主是皇后捂死的，王皇后嫉妒她有孩子，趁着她不在用被子捂死了小公主。李治恨不得当场废了王皇后，将她打入大牢。她跪在地上反复解释自己没有杀公主,可皇帝完全听不进去,如今的他,只相信武昭仪的话。

"难道武昭仪会害死自己的女儿吗?除了你,还能有谁?!"皇帝诘问皇后。

她的脑子嗡嗡作响,仿若坠入深井之中。除了你,还能有谁?还会是谁?

她看向一旁哭肿了眼的武昭仪,背脊生出一股止不住的阴冷寒意。

一个母亲怎么可能亲手杀死自己的女儿?!

这个入宫以来始终对自己低眉顺眼的温驯绵羊,终于露出了尖锐的獠牙。是我瞎了眼,误引中山狼。从小过得顺遂的她,始终活在某种高人一等的错觉中,事到如今才认识到:人的城府之深,竟可阴毒至此。

从此之后,形势急转直下。皇帝独宠武昭仪,王皇后和萧淑妃都感受到了前所未有的危机,这下反而握手言和结成同盟。然而为时已晚,朝野上下都看出了皇帝想要废掉王氏立武氏的决心。比起王氏这个名义上的皇后,武氏俨然更像真正的皇后。

朝中以宰相长孙无忌为首的官员们一致反对,且王皇后向来持重端庄,皇帝找不到废王立武的支持者。尽管如此,那股不知冷箭会从哪里射过来的恐惧始终让王皇后每天都如履薄冰。皇帝在外廷苦苦争取百官支持而不得，反而对武氏的封赏愈加厚重。

最近王皇后与皇帝一起参加祭祀，他从头到尾没有对自己说过一句话，脸若凝霜，气氛凝滞。回宫的路上，她望着这个熟悉又陌生的丈夫的背影，倏地冒出一个可怕的念头：这个男人如今，也许巴不得我死吧？

他们需要的只是一个借口。

尽管她百般谨慎，沉默寡言，他们还是制造出了借口——厌胜。

武氏诬告她和她的母亲，说皇后母亲私下用巫蛊之术诅咒皇帝。饶是她修养再好，也忍不住破口大骂武氏卑鄙无耻至极，欲加之罪何患无辞，此乃效仿当初汉武帝废陈阿娇之故事，生死只在帝王一念间。好在皇帝并没有完全相信武氏的话，未惩罚王皇后，却从此禁止她的母亲入宫，贬黜她的舅父柳奭到偏远之地。

一败再败，她却毫无还手之力，连个可以商量的人也没了。一日复一日，年轻的皇后活在人为刀俎我为鱼肉的绝望之中，心悸发慌，吃不下饭，睡不着觉。

直到那把悬在头顶的刀落下，她反而松了一口气。

永徽六年（655年），十月十二，皇帝下诏："王皇后、萧淑妃谋行鸩毒，废为庶人，母及兄弟，并除名，流岭南。"

收到诏书，她只觉得可笑。

年少时的新婚之夜，当李治掀开新娘的红盖头，那少年俊美羞赧的模样仿佛就在昨天。当时的她害羞又欢喜，暗暗对老天爷许愿：愿与此人死生契阔，恩爱同心，执子之手，白首不悔。

原来十年前的自己，竟天真得如此可笑。

怎么会去期待，一个皇帝有真情？

自己明明什么都没做错，却沦落至此，被弃若敝屣；一心顺着丈夫的心意，却得不到他丝毫情意。这一刻，她终于彻彻底底认清了豆蔻年华所嫁之人的嘴脸：为一己私欲可以颠倒黑白，为了新欢薄情寡义，罢黜良臣重用小人，父子聚麀不知廉耻。[1]

好一个英明神武的大唐天子！

好一个万民跪拜的九五至尊！

好一个，好一个死生契阔的伟丈夫！

我呸！

---

[1] 《礼记·曲礼上》：夫惟禽兽无礼，故父子聚麀。

她奋力吐着口水，模仿想象中女人最泼辣的样子，始终还是不像。

素来喜怒不形于色的王皇后，第一次在宫中放肆大笑。

笑得越大声，笑声便越悲凉，笑得闻者哀恸，见者神伤。

笑渐不闻声渐悄，泪落宫更幽。

武皇后

永徽六年（655年）十一月一日，新皇后盛大的册封仪式举行，百官朝拜四夷臣服，皇帝给足了排面。

从司空李勣手中接过皇后玺绶，武皇后回想起十二岁那年父亲过世，也是李勣监护葬礼悉心关照，他真是我此生的贵人。此时的她满怀对英国公李勣的感恩敬重，根本想不到将来有一天，会气急败坏地将他掘墓砍棺，让他死无葬身之地。

舒畅。她终于如愿以偿。

一人之下，万人之上。

整个大唐帝国，自己是名正言顺的皇后。

从十四岁入宫,到三十二岁成为皇后,十八年来跌宕起伏,她已看透这皇宫之内的生存准则——成王败寇。

只要最终站在阳光之下,你就是正义的一方,无论手段多么卑鄙都可以被原谅。

如果你在山顶,山脚有人骂你,你根本不会在意,因为你眼中只有尽收眼底的风景。

一直以来,武氏暗中恩结那些不起眼的小人物,早已买通了宫中妃子、皇帝身边的宫女太监,但凡宫中有任何风吹草动,都逃不过她的耳目。在外廷,她又拉拢被长孙无忌排斥的许敬宗、李义府等人作为心腹,在朝堂上为她争取话语权,一步步挤压反对派的生存空间。

长孙无忌、褚遂良,饶是功臣元勋又如何,顾命大臣又如何,皇帝舅父又如何?只要牢牢掌握天子的心,其他人都不足为惧。我能走到今天,这所有的一切都是我自己一步步争取来的。

我不恨萧淑妃,不恨王皇后,我和她们本就无冤无仇。只是权力这座山峰,从来只能前进不能后退,退一步就可能粉身碎骨。

既然要争,就要争得彻底,争得决绝,绝不给敌人留下一丝喘息的空隙,以免死灰复燃。

听到宫女向她禀报天子前往冷宫探望王、萧二女,忆往昔恩爱岁月泪眼婆娑。她顿时如炸毛的猫般怒不可遏,此情此景可不恰如当初感业寺天子见到尼姑明空?

趁着皇帝将睡未睡之际,新皇后吹起了枕边风,一番柔声细语加上利害分析,说得李治连连点头承认错误,最终答应处死王、萧二人,并且将处置权交给了她。她心中暗笑,此人耳根子极软,实无主见。

几年相处下来,她实在太了解丈夫李治的性格,拿捏他易如反掌:他软弱优柔,却又多疑阴鸷;胸怀帝王之术,却又多愁善感;外示温良恭敬,实则薄情寡义,他的心是一团鹅绒包裹的冰。

她天性中的果敢决绝,正是他作为皇帝最缺的一味药。他需要她做那些他想做,却又不忍心做的坏事,比如杀人。

武后不仅敢杀人,还要令杀人起到最大效果——杀一儆百。只有畏惧,才会给权力带来最有效的扩张。

那么怎么杀,就显得很重要了。

熟读史书的武后,心中冒出来一个名字——戚夫人。

不久之后,王、萧二女惨遭极刑,手足尽断体无完肤,留着一口气投入酒瓮之中等死,她给此刑取了一个好听的名字——骨醉。

临刑前,那王皇后依然端庄,以礼数跪拜之后郑重道:"愿大家万岁!昭仪承恩,死自吾分。"

萧淑妃则龇牙怒骂:"阿武你个臭妖狐,狡猾无耻又狠毒!愿我死后化为猫,你死后变成鼠,世世代代咬你喉咙,让你不得好死!"

见到二人死状,她并没有想象中那么痛快。相反,她吐得很厉害,并从此噩梦不断,总感觉宫中怨魂作祟,王、萧在黑暗中窥伺;夤夜听到猫叫,她心惊肉跳。她下令宫中禁止养猫,又搬往别的寝宫,可睡眠依然糟糕,偶尔幻听到猫叫愈加心烦气躁。

此后大半生,她都不愿住在长安皇宫,更愿意待在东都洛阳。

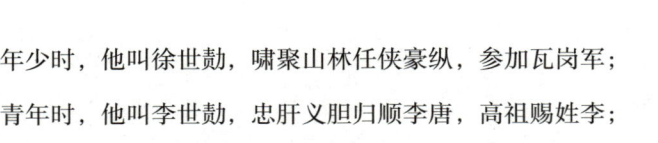

英国公李勣

年少时,他叫徐世勣,啸聚山林任侠豪纵,参加瓦岗军;
青年时,他叫李世勣,忠肝义胆归顺李唐,高祖赐姓李;
中年后,他是英国公,东征西讨战功赫赫,名列凌烟阁;

现如今，他改名李勣，官拜宰相与司空，位极人臣皇恩厚重。

尽管太宗皇帝驾崩后他为避讳改了名，不过除了他姐也不会有人再喊他名字。但凡有余暇，他总会去姐姐那里亲自煮粥煮药喂她，起初姐姐还纳闷，家里有那么多仆人何必弟弟亲自照顾。他终于说了心里话，只有在姐姐这里，才能听到有人喊他年少时的名字，徐世勣。

那不只是一个名字，还是他早已埋葬的少年英雄梦。

他十六岁就出来闯荡，那些叱咤风云的名将陆续过世之后，他还正值壮年，故而在贞观年间备受太宗重用，皇帝甚至还曾亲自割胡子为他治病，在他喝醉后给他披龙袍保暖……让他辅佐当初的太子，如今的天子。

新皇登基后，对他一封再封，开府仪同三司兼左仆射兼司空，做官做到这个地步反而心慌。他告诫自己凡事低调，而今六十多岁，死在战场是得偿所愿，子孙后代世荫荣光，但若是死于朝堂权力斗争，就会祸及家人。

唉！宫里和朝廷尽是破事，还是打仗简单！

他自乱世之中一路走来，扪心自问从没做过亏心事。虽然不敢说多么光明磊落，但也至少是坦坦荡荡。无论是对旧主李密、曾经瓦岗寨的兄弟，还是对大唐历代天子，他都可谓忠义。

太宗皇帝密谋玄武门之变找他商量，他没同意参与，因为兄弟相残不仁义。当今皇帝打算废王立武找辅政大臣商量，他托病不去，废正妻娶父亲小妾，不占理但也不是什么大是大非，就让长孙无忌他们反对就好了，他可不想惹麻烦。实在躲不过去，他只好硬着头皮告诉天子，这是陛下家里事，外人不该插嘴。

猜人心思真累，可身在官场又不得不猜。猜准猜不准，下场千差万别。

什么时候开始，他已变得如此圆滑谨慎？

当初李密叛唐被杀，无人收尸，他冒着株连的危险为其安葬；当初兵败俘于窦建德，他不屑高官厚禄只身逃离，千里走单骑。从前的他，做事只问良心不问利弊，一腔热血日月可鉴。

正因为人品无可挑剔，太宗皇帝才会托孤于自己。

可如今，他却不再执着年少时的心中烈火，年纪越长越冷漠。

有了满满当当一大家子人要照顾，他不再是当初快意恩仇的山东豪侠。

皇家无情，伴君如伴虎，他早已在玄武门之变后深深领悟。

英雄是什么？英雄不过是权力面前招之即来挥之即去的——工具。

后来他听闻王皇后、萧淑妃死于酷刑，褚遂良一贬再贬病死安南，国舅爷长孙无忌竟被逼自缢于黔州。先帝托孤的三位辅政大臣，如今只剩他一人。这位先帝认为仁懦的新主，杀亲舅舅毫不手软，看来既不仁也不懦。长孙无忌，你是否后悔自己当初的选择？

朝中百官见风使舵，皆知依附武氏旋即发达，反对武氏立马遭殃。于是许敬宗、李义府之流大行其道，小人得势嚣张跋扈，他在乾元殿待得浑身不自在，与这些鼠辈同在朝堂，他都觉得不齿。

他的身体依然硬朗，精神依然矍铄，可是见过太多世事无常之后，所剩时日恐怕无多，他比以往任何时候都渴望再上战场。那个世界，对他来说清净得多。

乾封元年（666年），高句丽因夺权引发内乱，皇帝借机出兵征讨。十二月，他被任命为辽东道行军大总管兼安抚大使，率契苾何力、庞同善、薛仁贵等当世名将出兵高句丽。

悠悠苍天，何薄于我？他老泪纵横。

自隋炀帝三征高句丽，至太宗皇帝亲征，始终没有拿下辽东这块硬骨头，如今他年过古稀竟还能有此机会为大唐除掉心腹大患，那股久违的热血再次涌上心头。尽管他已七十有三，然而老骥伏枥雄心不已，既然受到了征召，他必须回应，一如既往！

要么马革裹尸还，要么灭掉高句丽，他一生的战略兵法，都要在这最后一战施展个酣畅淋漓。无论哪种结局，都是无怨无悔。

两年后，他终于攻陷高句丽都城平壤，擒获国主泉男建，至此，高句丽亡。

立下如此不世之功，解决了隋唐三代人的一块心病，他已死而无憾。

整军凯旋入京，天子自然又是一番盛大封赏，然而他的身体终于还是撑不住了。他坚决不再看大夫，不吃一口药，一心求死。

他将全家老小召集在前。孙子李敬业已过而立之年，如今承袭爵位成为家主，可他始终觉得李敬业是个隐患。他嘱咐弟弟李弼照顾好家里人，做了最后的训话："我就要死了，这没啥大不了的。你们不必难过，也不用为我哭，我本是个山野村夫，如今位至三公年近八十，没有什么好遗憾的。我唯一担心的，就是日后家中出现不肖子孙，凡是出现心怀异志道德恶劣以及交往不善的子孙，一律直接处死。最后，我死后的葬礼尽量从简不许铺张浪费，差不多就这样吧。"

说完遗言，他带着一抹满足的笑意，永远闭上了眼睛。

大唐天子李治

尚在东宫时，先帝对他多有教诲，何为为君之道，何为天子权术。其中很重要的一点，就是驭人之术。所谓君权天授，不过是诓民之词，明白权力运行法则之人，才能成为真正的天子。

《易经》有云："君不密则失臣,臣不密则失身。"如果让人轻易知道他在想什么,也就没有威仪可言。藏刀者,人不知其锋利,方可一击而中。权力是这世上最锋利的刀,每一次使用都须慎重,因为一旦拔出就势必见血封喉。

人皆以为他懦弱,其实他只是向往仁德。他不好杀,但欲杀者不必亲自动手,君子远庖厨。该出手的时候他从不会手软,仁德若只是一味退让,将毫无威信可言。

身居天子之位,他逐渐领悟父皇当初的教诲,权力一旦分出去,就很难收回,始终将刀柄握在手上,刀刃才不会伤害主人。废王立武纯属帝王私事,他完全可以自己做主,北周的周宣帝立了五位皇后,大臣们也噤若寒蝉。他之所以与大臣们商量,正是在乎仁君的名声,若是外廷不置可否,以他温良的本性绝不会让事情变得太难堪。可事情出乎他的意料,竟没有一位大臣为天子说话,反而以长孙无忌马首是瞻,对他横加指责。他当然不相信舅舅会谋反,但到底谁才是这大唐帝国的天子?

刀若只藏不露,会让人误以为他手中没有刀。
而武氏,正是那把锋利的刀。
当褚遂良在朝堂之上咄咄逼人,甚至以辞官相威胁,令他忍不住想要发作时,是阿武站出来高声喊出了他想说的话:"何不扑杀此獠!"

朝堂顿时安静,他的心情大为舒畅。

如此默契,简直就是天作之合,此女必须是他的皇后。

他下定决心,终于对舅舅出刀。

听闻舅舅自缢,他由衷地哀伤落泪,但他不后悔。

也许他身上流着父皇的血,父皇为了帝位可以杀害亲兄弟,朕宅心仁厚,只是将这些人逐出京城自生自灭,至于王、萧二女固然可怜,不过有武媚娘软香入怀,他也早已将她们忘至九霄之外。

此后他与武后夫妻携手整顿朝纲,重设科举编撰法律,轻徭薄赋与民休息,对外屡破突厥、契丹,更是借高句丽内乱一举出兵灭此心腹大患,解决他父皇生前最大的心病,大唐疆土旷古烁今,他终于有底气如他父皇一样封禅泰山。

正当他准备一鼓作气更有作为时,他们老李家的老毛病——风疾又作怪了。

父皇当初就是死于风疾,如今他才三十出头,也逃不过这个诅咒。

风疾发作时头疼难忍，眼前晕眩，只能委托他最信任的武后帮忙处理政务。他不得不感慨，她很有这方面的天赋，处理政务井井有条，许多见解让他都啧啧称奇，从此愈发安心将国家大事交给她。他负责仁德，她负责狠辣，一阴一阳谓之道，他深感自己已离不开她。

人世间的事，月满则亏，盛极必衰。他们夫妻间的感情，渐渐出现了一些不愉快。

首先就是李义府的事。

其实，他一早就清楚李义府是个不入流的小人，虽有才干但品行低劣，坊间说他"笑里藏刀"。不过看在他第一个站出来拥立武氏反对长孙无忌的功劳，又受武后信任，李治一直睁一只眼闭一只眼。奈何小人就是小人，他那些结党、卖官的不法之事尚可以忍，但李义府非但不跪下谢罪反省，还恶人先告状耍起了性子，说是有奸臣进谗言，声色俱厉地质问皇帝到底是谁告的状！

既然李义府不知收敛，他也就不客气了。很快，他随便找了个由头将李义府全家流放。乾封元年封禅泰山，李治大赦天下，特别关照其中不包括李义府。远在边陲之地的李义府听闻之后羞愤自杀。

然后就是魏国夫人的事。

子曰：吾未见好德如好色者也。他承认，朕有疾，朕好色，爱江山也爱美人。

身为皇帝得到女人太容易，自然多情而薄情，不过魏国夫人确实让他着迷又心痛。

早些年武后听闻姐姐丧夫守寡，经李治同意后将姐姐接入宫中，还带了个女儿贺兰氏。不得不说武氏一族的姑娘长得都很符合他的审美，尤其是武后的外甥女贺兰，简直就像青春版的武后。一来二去之下他犯了历代皇帝都会犯的"小错误"，将她们临幸了。他封武后姐姐为韩国夫人，外甥女贺兰氏为魏国夫人，一家人亲上加亲其乐融融。韩国夫人忽然过世后，他对她的女儿魏国夫人愈发宠爱，时常在她那里过夜，这不免引起了武后的忌惮。

可万万没想到，她会下此狠手。

封禅泰山后返回京都，魏国夫人吃了武后给的食物中了毒，就此香消玉殒。痛失所爱的他大哭一场之后，立刻怀疑上了武后，然而武后一口咬定，是她的两个堂兄武惟良和武怀运作为献食者，故意在献食中下毒想要毒死她，谁知她好心分享给外甥女反而害了她，哭得那叫一个悲从中来。他冷冷地看着这个女人的表演，淡漠地下令处死武家兄弟,妻女入宫为奴。

多少年来他们互相配合表演,他和她都心知肚明。他当然知道是她下的毒,借此除掉自己憎恶的武家兄弟和争宠的外甥女,一石二鸟。她也自然知道他看穿了她这不高明的栽赃。他们彼此都知道对方在想什么,却都默契地不点破。他意识到夫妻之间已经不复当年,这中间有了一堵无形的墙。

他不禁开始怀疑,韩国夫人的死,以及多年前他们长女的死,莫非另有蹊跷?
一旦信任有了缝隙,便会日渐扩大。他有时候凝望眼前的武后,涂泽细腻容貌华美,依然没有衰老的迹象,可这张脸越看却越觉得惊悚。

是从什么时候开始的呢?她越来越自作主张,不像曾经那么温顺恭谨,有时候与他争论起国事,意见分歧,她甚至咄咄逼人,让他一瞬间恍惚以为她才是这江山的主人。

牝鸡司晨,果不可乎?

深夜龙榻之上,他背对着武后佯装熟睡,心中却反复咀嚼着一个阴冷的念头:

也许,我该换一把刀了。

武天后

龙榻之上,她背对着皇帝久未入眠,陡然感到一股凉意。

近来思绪杂芜,一种不祥的预感在武后心中蔓延。敏锐如她,自然感受到了皇帝近来态度的转变。封禅泰山时,他打破历朝历代的传统,前所未有地让皇后做了亚献,可谓给足了自己风光排面。然而回来之后,他的新欢吃了自己给的食物中毒暴毙,他有怨气也是理所当然。

夫妻多年,他们之间的关系岂是男女之情可以囊括?也谈风月也争权,人前恩爱体贴,背过身后彼此警戒。真心掺杂着假意,说真非真,说假非假。真挚的爱早已消磨,犹如埋在沙漠中的璞玉,即便知道它存在,也难以再寻。

所谓夫妻，就是每晚都会出现一百次想要杀死对方的冲动，醒来却依然如故。

为防变数，武后拿出了更多钱财，让心腹宫女去收买皇帝身边的内侍，但凡有风吹草动都逃不过她的耳目。果然，这一招起到关键作用，她的预感是对的！

一日宫女来报，有个叫王伏胜的宦官向天子告发武后，说皇后在后宫私自作法，行厌胜之术诅咒皇帝！武后听了不怒反笑，怎么这么没创意呢，这不是自己扳倒王皇后用的伎俩吗？不急，先梳妆，回头好好收拾这个死太监。

宫女又来报，神情焦急地说，皇上紧急召宰相上官仪入宫，谋划废皇后的事宜，如今已在草拟废后诏书！

李治啊李治，竟敢真的付诸行动！正在梳妆的她顾不得画眉深浅，三步并作两步急匆匆地去找皇帝。

当她气势汹汹冲到李治面前时，九五至尊的皇帝竟先慌了神色，惊呼："你怎么来了？"她连忙翻找上官仪所写的诏书，发现墨迹都未干，庆幸自己未雨绸缪才能及时赶到。当时那封废后诏书离她只有不到三厘米，但是一盏茶的工夫之后，它将彻底沦为一张废纸，

那个风度翩翩的上官宰相，也将变为死人。

李治镇定下来，意识到自己才是掌握生杀大权的帝王，他露出狐疑神情呵斥："你在我身边安插了内应？"当时她的脑子里一瞬间闪出无数种方案，她决定说一个谎，虽然她生平说过无数次谎话，但是这一个，她认为是最完美的。刹那间眼泪跟丫鬟似的随叫随到，她扑通跪倒在地，梨花带雨地凝望着丈夫，哀伤绝望之情溢于言表，真是闻者伤心见者怜悯。一时之间连上官仪都被唬住了。

"圣上应该这样做，臣妾也应该死。臣妾知道自己犯了七出之罪中的嫉妒，惹恼了陛下。可陛下知道臣妾心中的痛苦吗？臣妾只是一个希望丈夫爱自己的可怜女人，一个希望可以和丈夫白头偕老的傻女人。正是因为爱圣上，我不想看着陛下眼睛的时候，你的心里却想着别的女人。正是因为不忍心陛下操心国事心力交瘁，才一次次为陛下分担那些琐事的烦扰，希望陛下可以有时间多陪陪皇儿和臣妾。陛下的眼中有无数黎民百姓，而臣妾的眼中，只有陛下！万万没想到，陛下对臣妾的误会如此之深，这一切是臣妾愚钝妄为，臣妾着实该死！特来领罪，绝无怨言！陛下可以杀了臣妾，但还请看在太子贤德仁孝的分上，宽恕他吧。"

嘭嘭嘭，一阵猛磕头。李治心疼地急忙扶起她，温柔揉抚她的额头。他们四目相对，眉目之间皆入了戏。一日夫妻百日恩，素来耳根子软的李治见她如此示弱的样子，似乎又想起了他们最初的甜蜜时光。

一番情深意切的独白之后，殿内寂静得仿佛能听见上官仪不断加速的心跳声。

上官仪欲言又止，一种不祥的预感涌上心头，糟了，兴许要株连全家了。

李治果然没让她失望，转身指着上官仪辩解道："朕本无废后之意，都是误会，这一切都是上官仪自作主张。"

就是这样，这才是她熟悉的李治。她在心中冷笑，表面擦干眼泪继续示弱："只要陛下明了臣妾的心意，臣妾死也甘心。"李治抱着她，反复安慰。

不久之后，上官仪和王伏胜掉了脑袋，宰相家的女眷也没入掖庭充为奴婢，可悲可叹。好好的风流宰相不做，非要掺和皇帝的家事不可。武后又一次渡过险关，她暗自发誓不再让类似的事发生，任何人连想都不可以想。

自此之后，满朝文武皆知，宁可得罪皇帝，也绝不要得罪皇后。

得罪皇帝可能会死，但得罪皇后一定会死。

武后为了巩固威权，也为了防止哪个不开眼的大臣在皇帝面前说些不合适的话，对李治进行一番软磨硬泡，吹了许久枕边风，终于让李治准许她一同上朝。李治经过上官仪之死，加上风疾加重，整个人气势上矮了一大截，仿佛也接受了命运，应允了她这件事。

自此政事无论大小，都要经过武后的同意才能下达。天下大权，逐渐掌握在皇后手中，大唐官员的罢黜升迁及生杀大权，都出于她口。所谓天子，拱手而已，朝野上下称此为"二圣临朝"。

上元元年（674年）八月，李治自称天皇，武后则称为天后。

实际上，武后此时已经走上了大唐权力的巅峰。

相王李旦

得知六哥李贤死讯，刚坐上皇位的李旦回想起十四岁那年五哥李弘骤然离世的那个孟夏。冷飕飕的阴风从龙椅之下渗入骨髓，他忍不住打了个巨响无比的喷嚏。自此，他被亲生母亲软禁，与死亡不过咫尺。

软禁期间,他回想起许多少年往事,拼凑着曾经记忆中母亲的模糊面目。

那是上元二年(675年),闷热潮湿的季节。他刚改名为李轮,未来还会有三次改名。为了方便叙述,我们还是统一称呼他为李旦。

五哥李弘当时作为皇太子,一直深受父皇母后厚恩栽培,早早就展现出一位仁君的气度。他礼贤下士,有过七次监国经历,是群臣心目中未来天子的最佳人选。李旦也很喜欢这个哥哥,他温柔且不失可靠,举止温润如玉,也会讲书中好玩的小故事给弟弟妹妹听。

五哥李弘、六哥李贤和七哥李显都是李旦同父同母的亲哥哥,他们还有个集万千宠爱于一身的亲妹妹——太平。

兄友弟恭父慈母爱,除了父皇好像有点怕母后之外,他从不怀疑自己是世上最幸运的人,拥有最美好的家庭。那段时光就像是做梦一样,如此不真实。

上元二年(675年)的四月,父皇因风疾难忍,准备禅位给太子,不料消息刚传出,太子竟在洛阳行宫猝然过世。此后父皇悲痛过度,大病一场,更是无心处理政务,全权交由母后处理,甚至一度提出要让母后摄政，由于遭到了群臣的反对才不了了之。两个月后，六哥李贤被立为太子。

五哥像春天，六哥像夏天。

六哥从小精力过人，睡得少动得多，两眼有神冒着光。他爱看书，爱骑马，爱打猎，爱斗鸡，爱交朋友，一靠近就感觉他浑身热乎乎的，像个小太阳。六哥府上有个叫王勃的才子，十六岁就科举及第，随手写的文章都让人惊叹文采斐然，让打小爱好文学的李旦心生崇拜。他就喜欢跟在哥哥们身后一起玩。不过后来出了件事，六哥和七哥有一次斗鸡，王勃当场助兴写了一篇《檄英王鸡》，写得大气磅礴、趣味十足，大家读了之后都捧腹大笑，李旦还特意要来原文回家抄写练习书法。碰巧父皇看到他抄的檄文，饶有兴致地看了下去，没想到越看越生气，质问李旦是谁写的，害怕之下他供出了王勃。不久之后就听六哥说，王勃被父皇下旨逐出京都。

这次事件让他自责，也让年少的他意识到：生在皇家，天然有着许多无形的禁忌，如果不察言观色谨言慎行，一不小心就会触到龙鳞。

六哥也收敛了玩心，认真当起了太子。李旦很佩服六哥，他以前做闲散王爷不理世事，成天玩乐像个纨绔子弟，一旦认真监国理政，还真有模有样,父皇和官员们都颇感意外。

然而令他不解的是,六哥明明各方面都表现得很出色,母后却显得不太高兴。

仔细回想起来,六哥聪明俊秀从小受到父皇宠爱,却向来和母后不亲近,李旦也不知道其中缘由,更不愿深究。可他实在想不通,将六哥从太子之位拉下来的人,为什么是母后?

在他十七岁那年夏天,有一位备受父皇母后宠幸的神棍明崇俨被杀,一番搜查也没找到杀手。

李旦之所以认为他是神棍,是因为他仗着给父皇治病胡说八道,说什么七哥像太宗皇帝贵不可言,又阴阳怪气说六哥不堪大任,绝非真龙天子云云。

六哥太子当得好好的,非要说这些离间兄弟的话不可,其心可诛。当初王勃开玩笑私下写个文章都被驱逐,怎么这个神棍胡言乱语就什么事都没有,他为六哥感到不平。

明崇俨突然被杀,母后无凭无据就公然怀疑是六哥唆使人干的。之后母后就跟父皇告状,说六哥纵情声色贪图享乐,还在东宫跟奴仆狎昵，同床共枕，大搞龙阳之癖有伤风化。为这一言论，那个奴仆被两位宰相和御史大夫一起提审，审着审着这人竟然供出他就是刺杀神棍明崇俨的刺客！

李旦匪夷所思，那个奴仆他见过，弱不禁风的小白脸一个，怕是鸡都难杀，竟然还能做刺客？更可怕的还在后头，有了这个奴仆的供词，宰相裴炎带着人冲入东宫搜查，竟然查出几百副甲胄，这可直接上升到谋反罪了。父皇依然不相信，一再向母后求情，可母后坚决要求国有国法，必须大义灭亲！父皇退而求其次，最终将六哥废为庶人，才保住他一条命，然而太子党全员殃及，流放的流放，伏诛的伏诛，其中甚至包括支持太子的四位宰相。这场飞来横祸，让朝中政局出现大震荡。

六哥有什么必要谋反？！

次日，七哥李哲成为皇太子，父皇改元永隆，大赦天下。李旦太了解七哥了，他性格荒唐任性，绝非人君之才。

不对！这明显是一个局，一场针对太子的阴谋。做局者正是他的母后！

母后她到底要做什么？

哪有母亲陷害儿子的？

他之前所有家人和睦的错觉，在这一刻彻底碎成秋后枯草。皇家，怎么可能有纯粹的亲情呢？

一夜之间，他的少年时代彻底结束。此后每次见到母后，他都涌起一股不由自主的恐惧。原本活泼爱笑的他，也变得谨言慎行，喜怒不形于色，臧否不出于口。

弘道元年（683年），他二十二岁。七月甲辰，他受封为豫王，改名李旦。

十二月，丁巳，父皇驾崩于洛阳贞观殿，享年五十六岁。

二十七天后，守丧结束，新皇亲政，改元嗣圣。

又三十六天后，羽林军擅自闯入百官上朝的乾元殿，将新皇帝强行拉下龙椅宝座，中书令裴炎大声宣布太后懿旨：皇帝无道，奉太后令，今废皇帝为庐陵王！百官大惊失色，却都噤若寒蝉。

次日，从没做过太子的他，忽然成了皇帝。政事无大小，皆取决于太后。

他心底深处的猜想，逐渐成为现实。

登基那一天，他若游魂般心不在焉，没有喜悦，也没有悲伤，他甚至都不敢说话，连选择合适的表情都要先观察母亲的眼神。如坐针毡的皇帝，像在戏台上看戏，望着底下的人山呼万岁，伶人正是自己。

他毫无来由地想起六哥李贤当初写的一首诗。

种瓜黄台下，瓜熟子离离。
一摘使瓜好，再摘令瓜稀。
三摘尚自可，摘绝抱蔓归。

他好想亲口问问太后：
母亲，那一年太子猝死，真的只是一场意外吗？

英国公李敬业

他年纪还轻，阅历尚浅的时候，他的祖父英国公曾教导过他一席话，这席话令他至今难忘。

"每当你自以为是，觉得别人都愚蠢无能的时候，"他严肃道，"你就记住，这个世上的其他人，极少有你这么幸运的出身。你并不是生来就比人强，你只是投胎走了狗屎运。"

他曾经对这席话不屑一顾，以为祖父不喜欢他。此刻回想起来，只剩一股深深的愧疚，由于他的冲动，带来整个家族的覆灭。一切都已经太晚了，此时他的头颅坠落在地，身首异处。

死前最后的走马灯一幕，是十三岁那年打猎。

十三岁那年盛夏，爷爷李勋带他去打猎，命他骑着快马冲入树林追赶猎物，他越追越深，忽见火焰四起，堵住了所有退路，他试图冲出树林逃生，可火势转眼就猛烈得如一堵堵火墙，他呛得几近晕厥。眼看难以突围，好在他急中生智拔刀杀死了马，剖开马腹躲入其中。待得火势散去，天光已暗，始终没有人来找他。他从马腹中钻出，满身血污地一步一步走出森林，出现在神色愕然的爷爷面前。爷爷的表情仿佛在说，你怎么还活着？

那一天，他没有问爷爷为什么不来救他，也没有去询问这火是如何燃起的。他们爷孙二人默契地不说话，当作什么事都没发生。

爷爷不喜欢他这事，家族中人尽皆知。英国公李勋曾多次在亲人面前说这个嫡长孙面相不好、生性鲁莽，恐怕日后连累整个家族，这让年少的李敬业格外愤懑压抑。爷爷迷信面相，每次出征前选择手下将领，都要仔细看其面相是否长寿富贵。李敬业不相信命运是天定，只觉得爷爷以这种理由反感自己，甚是可悲可笑。

但不管怎样，爷爷永远是他最崇拜的人。爷爷是天下无双的大英雄，是威震四方的名将。哪怕爷爷看扁自己，想杀自己，他都不会恨爷爷。相反，他反而更渴望得到爷爷的认可。他苦练骑马射箭，勤读兵法谋略，就是希望自己终有一天也能成为爷爷的骄傲。

后来，高宗派他去讨伐南蛮贼寇，他只带着两个官吏走入贼营，一番威逼利诱、陈说利害降伏了他们，既而平定境内骚乱。他以为爷爷会因此对他刮目相看，可李勣却说："我从不会这么冒险，李敬业不把自己的命当命，迟早败坏我们家门。"

好像不管他怎么做都是错的，永远无法获得爷爷的认可。
从那个时候他就暗暗发誓，我李敬业，将来一定要做出让爷爷刮目相看的丰功伟绩。

他三十四岁那年，爷爷死了。因父亲过世早，他承袭了爷爷英国公的爵位，授任太仆少卿。

日子不咸不淡地过着，他想做出一番功业却又浑浑噩噩找不到方向。在外人眼里，他始终只是个承受祖荫的纨绔子弟。他心中的苦闷，无处抒发。

他多么向往隋末那个英雄辈出的年代，爷爷也是从乱世中杀出的功名。如今天下过于太平了，除了边境的胡人，实在没什么建功立业的机会。

没想到，上天似乎看到了他内心的呼唤，机会终于出现。

高宗皇帝驾崩后，武太后垂帘听政大权在握，短短一个多月，逼杀章怀太子李贤，废了新皇帝李显，又软禁了之后登基的李旦，此后更是改年号、改官号、改洛阳为神都，种种行径来看无疑是司马昭之心路人皆知。

武后专权多年，如今独断朝纲，有谋篡之势。这个女人，该不会不只想当吕后吧？

李敬业与弟弟李敬猷来到扬州，谋划一件大事。

在扬州，他聚集了原监察御史魏思温、大唐才子骆宾王以及宰相裴炎的外甥薛仲章等对太后不满之人，开始谋划造反。

扬州富饶,本是鱼米之乡,且有运河之便,物资通达又远离两京唐军精锐,选在此地揭竿而起,可谓天时地利人和。

爷爷的血脉在他身体里沸腾,这才是他渴望已久的大事业!

他谎称扬州有叛乱,自己受朝廷密诏前来平叛,与扬州的内应合谋之下很快拿下扬州长史。全面占领控制扬州之后,他开扬州府库,释放狱中对武后不满的囚徒,召集工匠打造兵甲武器,吩咐骆宾王写檄文号召百姓匡扶李唐皇室,起兵反对太后临朝称制。

骆宾王此人甚是有才,那篇《代李敬业传檄天下文》他反复看了好多遍,啧啧称奇:

人神之所同嫉,天地之所不容。

犹复包藏祸心,窥窃神器。君之爱子,幽之于别宫;贼之宗盟,委之以重任。呜呼!

…………

一抔之土未干,六尺之孤安在?

…………

试看今日之域中,竟是谁家之天下!移檄州郡,咸使闻知。

托骆宾王这篇大气磅礴的檄文的福，短时间内天下仁人志士纷纷响应，前往扬州与他同谋大事。

他自称匡复府上将，领扬州大都督，以魏思温为军师，骆宾王为记室，不多久就从四面八方汇集了十万大军。果然，这才是民心所向，他一时信心大涨，誓要重现他爷爷李勣的荣光！捍卫大唐荣耀！

这就叫沧海横流，方显英雄本色。
他决定先以扬州为据点，拿下富饶的江南之地以积聚实力。

当朝廷派出三十万大军前来平叛时，他还是恐慌了。然而当他得知领军统帅名叫李孝逸时忍不住大笑，感叹这女人果然不懂打仗，竟然派一个绣花枕头般的宗室来。他在长安那么多年，太清楚这个人几斤几两。

骆宾王却说，武后这招厉害，我们打着匡扶李唐的大义旗帜起兵，她却让李唐宗室做统帅，简直就是打我们的脸。魏思温也建议，我们不该南下割据一方，而应该北上攻取神都洛阳，让天下人看到我们反对武氏专权的决心，才会有更多支持李唐正统的人归顺。手下叽叽喳喳说什么的都有，他只觉得烦躁，大手一挥镇住场子，豪迈道：

"兵来将挡水来土掩,先打了再说!试看今日之域中,竟是谁家之天下!到底是姓李,还是姓武!"恍惚之中,李敬业仿佛把自己当成了李唐皇室的正统,而忘了他的祖父本姓徐。

果然如他所料,李孝逸不足为惧,虽有朝廷精兵却不懂战略,初战就被他打得节节败退。正当他得意之际,朝廷军却绕过他去攻打他弟弟李敬猷的军队,大胜而归,气得他直骂这个弟弟是废物。

一个月后,他们双方主力军决战于高邮。没想到对方卑鄙地使用了火攻,正是秋冬之际,草木枯黄,大火顺着风蔓延到他的军中。

面对突如其来的大火,他唤醒了记忆最深处的恐惧,那个险些被爷爷烧死在树林,烈火灼烧的噩梦。

豪情万丈在火焰中消散殆尽,他做不出及时调整,这十万大军在群龙无首之下乱成一团,踩踏之间死伤无数,敌军趁势追击包围,他在部下的保护下狼狈逃回扬州。

接下来该怎么办?眼看三十万朝廷军即将包围扬州城,他打算出海投奔高句丽。留得青山在,不怕没柴烧。

谁知部将们早已失去信心,在他背后准备偷袭,生出异心的叛将在他背后拔刀，一刀将他还在说教的脑袋砍了下来。

他的脑袋在地上翻滚着，沾染了一地黄泥枯草，小虫闻着血腥爬到了他的脖颈处啃噬。他似乎还在挣扎，记忆如同逆水行舟，不断推回到过去，那个年少时劫后余生的黄昏。

最终，他的首级被背叛者无情地拎起，作为升官发财的凭据。

爷爷，对不起，我真该在那个时候就死去。

女帝武曌

堂堂李勣之孙——英国公李敬业败得如此之快，这让武则天多少有些意外。这厮短短几日之内竟能汇聚十万众，她还真是不安心，吃不准天下民心所向。如今证实，到底不过是一群乌合之众。手握中央军与儿皇帝，这就是我的底气，我就是正统大义！地方势力再折腾都是螳臂当车，不自量力。

武则天问左右，骆宾王可还活着，左右答此人已斩首。她叹了口气，又回想起那篇针对自己的檄文，感慨可惜了。

李敬业的首级被送到神都，左武卫大将军程务挺的脑袋也几乎同时搬了家。

就是程务挺冲入乾元殿，把皇帝李显从龙椅上拉下来拖走的。两月前，宰相裴炎和程务挺一文一武，帮武则天废黜不听话的李显，扶持新皇李旦，助她临朝称制大权独揽，彼时三人还是合作无间的伙伴。转眼之间，三人组中另两个人的脑袋就没了，真是世事无常。

阿弥陀佛。武则天在佛前叹息。

除掉这两个危险分子，朝廷和军方的掌权都没了阻碍。有李敬业的前车之鉴，其他有逆反之心的功臣也暂且不敢造次，她想要实现的道路，已经越来越近。她已年逾六十，不能再等了，必须加快进程，谁也别想阻拦！

无上权力，是她的生命之光，是她的欲望之火，遮掩一切罪恶，重塑主宰者的灵魂。

拥有无上权力，命运才不会任人摆布，她那自小无处安放且充满恐惧的心，才能获得最踏实的安全感。

这些年来，武则天完善科举广招人才，轻徭薄赋让利于民，赏赐将士拉拢朝臣，彼时国家安定百姓富足，如今的皇宫之内换个主人，对他们来说又有什么关系呢？

现在最需要的，就是民心所向。

所谓民心，不过是容易被动摇与蛊惑的风中草，是可以制造出来的。

垂拱四年（688年）四月，雍州人唐同泰从洛水中打捞出一块特别的石头，上面有八个绛紫色大字："圣母临人，永昌帝业"。民间纷纷议论，此乃天意让太后当皇帝，一时之间朝野轰动。聪明人当然知道这背后怎么回事，但聪明人惜命会闭嘴，于是乎，她因势利导，接受群臣的恭维，又给自己封了一个尊称——圣母神皇。

为此武则天要祭祀上天，接受上天的旨意，在明堂接受神皇册封典礼。她特意创造了一个字，作为自己的名字，以对应这圣母神皇的身份，日月凌空，普照大地——曌。

历史不会管她过去叫什么，只会留下一个霸气十足、独一无二的名字——武曌！

天下须眉，谁敢直视？！如今大唐女主天下，就要令日月乾坤换，凤鸣九霄龙伏喑！

开弓没有回头箭，既然已经走到了今天，那就必须走到底，没有退路！不管是谁，如果不同意，那就解决掉他。

请客、斩首、收下当狗，三条路任由大家选，看起来尚有选择的自由。

话已经说到这里，意思也充分表达，不容置疑。

罢了，既然李唐宗室们的心都不够真挚忠诚，武曌干脆一不做二不休，对他们赶尽杀绝。唐之宗室，于此殆尽。

对了，还有一个老女儿——延安公主（唐高祖李渊的女儿），此时年过古稀，比武曌还老，却是她的干女儿。延安公主以前是武曌的姑婆婆，如今她三拜九叩恳请做其干女儿，武曌便大发慈悲留下了她一条命，毕竟她之前介绍的面首薛怀义还算不错。

清净了，但又不完全清净，时不时还有一些虫豸扰乱心神。

为了彻底清扫，她雇用了一帮职业"清道夫"，其中有两人干得特别卖力，一个叫来俊臣，一个叫周兴。

老四李旦很自觉，主动改名为武旦，跪求母亲称帝。

称帝已是民心所向，洛阳百姓大规模上街游行，自发请愿让太后来当这个皇帝，如若太后不做皇帝，他们的生活就没了期盼，食不知味，每晚都要以泪洗面。为了天下苍生，百姓殷切恳求武曌顺应天意，当了这个女皇帝！

如今世上活着的、能发声的人意见如此一致，她很欣慰。

那好吧。
不再伪装，我就是要当皇帝！

天授元年（690年）九月初九，是个改朝换代的好日子。

六十七岁的她，改国号为周，定都神都洛阳，历尽千辛万苦终于登基为帝。

无论后世的史书怎么评价，儒生怎么辱骂，她毫不在乎。后人崇拜也好，憎恶也罢，有一点无法改变，那就是千秋万代都将记得千古唯一的女帝，和她这浓墨重彩的人生。

要做，就做独一无二。
自古一将功成万骨枯。华丽的龙袍底下，谁又会在乎藏了多少死去的虱子呢？

番外 一

地狱使者·来俊臣

> 君令而臣随，君心而臣胆，是故口变缁素，权移马鹿……如得其情，片言折狱。
>
> ——冯梦龙

我叫来俊臣。

我的眼里全是恨。

我恨生父无良嗜赌成性，竟将老婆抵作赌债。

我恨继父无德酗酒残暴，肆意殴打母亲与我。

我恨邻里饶舌冷漠嘲讽，背后骂我野种杂碎。

我恨，我恨这天地不公，恨这人间无情，恨我娘就不该把我生下来！

打我有记忆开始，就不曾吃过一顿饱饭，也不曾得到过父母些许怜爱。所谓世人，更是可恶，他们欺我、辱我、笑我、轻我、贱我、骗我，日日夜夜折磨着我。

我这样的人，为什么要出生在这世上？

我从小就坚信，这个世上根本没有好人。
什么神仙菩萨圣人贤德，全是骗孩子的鬼话。
人与人之间不可能有温情，只有赤裸裸的利益。所谓出人头地，就是把别人踩在脚下，不断往上爬。要么成为被欺负的弱者，要么成为欺负人的强者，没有第三条道路可以选。这天杀的世道，如果你想不被欺负，就只能学会欺负人！

如果老天给我一个机会，给我一个变强大的机会，我要让人们知道我曾经的恨，让人们明白世人对他人造成的痛苦不会消失，只会累积成更猛烈的报复。

我知道，没有人会喜欢我。
可我不在乎。
我要每个人都瞪大眼睛看着我，怨我、骂我、怕我、厌我、憎我、恨我，怎样都无所谓，就是不能忽视我。

我咽下了所有耻辱，离家出走混迹江湖。

我咽下残羹冷炙，忍受破庙的阴冷、虫蚁的叮咬、古桥下的潮湿。

我流离失所，朝不保夕，就像个肮脏的老鼠，活在见不得光的沟渠。

但凡有一口肉，我就会立刻塞进嘴里。

但凡有人伤害我，我都要加倍还回去。

我的命分文不值，死都无所畏惧，便没有什么道德使我敬畏。

我要比所有人更狠毒，才能活下去。

我只有今天，从不去想明天的生死。

每一次打架，我都当作最后一次，用尽所有力气，直到对方跪地求饶或彻底断气。渐渐地，怕我的人多了起来，甚至将我当大哥般恭敬。你看，人这种动物，生来就是欺软怕硬。

直到我见到那个少年，我才知道世上原来还有那种人。

那次我险些死于非命，是那个人救下了我。

我独自走小道，遭遇了埋伏，一记闷棍过后，我已倒在地上。原来是曾经有过节的无赖们前来寻仇，我本以为自己必死无疑，可却听到一个少年大喊着"住手"并冲上前来，自称是郝宰相的孙儿。

当我醒来之时，已身处一间客栈的房中，桌上摆了许多美食。

我哪管那么多，有吃的就塞进嘴里，食物只有吃进去的才算我的。

待我酒足饭饱，出现一位细皮嫩肉的贵族少年，他长得真秀气，好像一个姑娘。他询问我的伤情，言辞关切令我无所适从，我从未被人如此关心过，这让我不习惯，不舒服，不知如何回应。少年从里到外都太干净了，浑身上下透露着一股没被世俗伤害过的良善纯净，这让我愈发觉得自己肮脏又恶心，只想赶紧离开。他见我不说话叹了口气，留给我一袋钱，让我好好养伤。我等他走后赶紧离开客栈，握着那一袋钱五味杂陈。若有缘，将来我必定会报这个恩，我在心中发誓。

少年给的钱花完之后，我又犯事进了牢房。

牢房的好处在于包吃包住，比在外面流离失所、有一顿没一顿好多了。牢房里三教九流都有，我在他们那里学到了不少东西，甚至学了基本的识字。教我识字的人夸我聪明，可惜没生在好人家。哼，谁不想穿得一身干净坐在学堂里读书，可我没那命，我的命只能像野狗一样去争取别人不要的骨头。我就这么四处游荡，从一个地方的牢房换到另一个地方的牢房，不知不觉间人生过了大半，而我依然是一条不值钱的野狗。

一次，我在狱中听人说起当今的女皇帝处死了一个叫王绪的刺史，顿时灵光一闪，意识到机会来了！我曾经因乱告密得罪过刺史王绪，被他打过一百大板，至今怀恨在心，准备了一大堆诬告他的"材料"可惜没有机会报复，这不正是千载难逢的好机会吗？我立刻写了一份告密信托人上书，细数王绪谋反的种种迹象，诉说自己当年告他反被"陷害"杖责的悲惨往事，以及对女皇帝的拳拳忠心，愿意用我这条命去守卫女皇帝的威名。

我所托之人十分可靠，竟然真的让女皇帝接见了我！女皇帝称帝之后多的是人心不服，她需要我这种人来充当咬人的恶犬，我竟被皇帝任命为"侍御史"，只要她觉得哪些人对她不满，就放任我尽情地撕咬，至死方休。这不正是我一直以来渴望的事吗？

拥有了皇帝授权的我，自然无所顾忌。我本就视道德、生命为无物，更何惧那些达官贵人、皇亲国戚。我只想感受那些人受虐之时，眼睛直勾勾瞪着我的那种仇恨与恐惧。这些恨意和怨气令我神清气爽，比任何山珍海味都令我着迷。

每一天，我都绞尽脑汁想着各种酷刑，享受着那些曾经高高在上的家伙在酷刑之下嘶吼、咒骂、颤抖、求饶、失禁的有趣场景。

每当我推开刑房的大门，就像推开地狱之门，而我就是负责审判的活阎王，生杀予夺。

短短一年时间，我就帮女皇帝族灭了千余家逆贼，亲手行刑的快感令我废寝忘食。女皇帝将我提拔为御史中丞，还特意在洛阳皇城西南的丽景门设立"推事院"，即皇家私人监狱，让我在此专心办公，为国效力。

丽景门就是专属于我的地狱之门，凡是进了这个门，我不仅要他们死，还要他们求着我让他们去死。这种感觉，我睡觉都会笑醒。杀人，是会上瘾的；而比起杀人，折磨人带来的乐趣，更是回味无穷。

我知道，百姓都在暗地里咒我死。
可我不在乎。
我对世人没有一点同情，不管你是谁，只要给我逮到机会，我只想你痛苦到后悔来到这个肮脏的世上。

人这种卑劣的东西，什么都会习惯，当趋炎附势成了常态，正直就成了一种愚蠢。朝野上下都知道得罪女皇帝的下场，大家都学乖了，满朝尽是阿谀奉承之辈，可以抓的人越来越少，这让凌虐上瘾的我心痒难耐，一天不杀人，比让我少吃几顿饭还难受。

饥渴难耐之下，我选择诬告狄仁杰。狄仁杰名声在外，又向来处事谨慎，受到女皇帝信任，如果我能将他也诬告成功，那普天之下就没什么人不能杀了。以我多年来罗织罪名的本事，何难之有？

我刚一诬告狄仁杰谋反，没想到狄仁杰立刻就承认了罪名……他直接承认，就省去了用刑的过程，对我来说少了一大半乐趣，着实扫兴。就当我对他放松警惕，以为他只想坦然赴死之时，狄仁杰竟然暗中通过头巾诉说冤情，让他儿子转交给了女皇帝申冤，最终逃出生天，成了我这"地狱"中第一个活着释放的人。不得不说，这个狄仁杰聪明至极，是我小看他了。

在我成为活阎王的这些年，我也找到了曾对我施以援手的那位少年，当然如今他也不再年少。他叫郝象贤，是高宗朝宰相郝处俊的孙子，此时任职太子通事舍人。一转眼那么多年过去，他自然是不记得我，可我始终无法忘记。我活了这么多年，是他让我罕见地感受到人间原来还有纯粹的善意，让我知道一个人平白无故对另一个人好，也可以没有任何目的。这个世上还有郝象贤这等人存在，世道就还不算无可救药。如果我身上还有那么一点所谓良心存在，兴许就是他积的德。我好希望自己可以成为他的朋友，和他一起喝酒谈心。可我知道我不配。我太脏了，从里到外都是腌臜之物。我只有在自己的职责范围内，尽可能保他周全。郝象贤此人性情耿直，多有对朝政的不满言论，若不是因为我帮他压下诸多爪牙的告密，不知道他早已死了多少回。我也不是啥知恩图报的好人，我只是不想欠他的。

然而饶是我暗中保全，我的同僚周兴还是告发了他对女皇帝的不敬言语，让郝象贤落了个族灭的下场。临刑时，我见到郝象贤临死不惧，声色俱厉地怒骂女皇帝，怒骂朝政。我在心里叹气，仅剩不多的那一点良知，也伴随着他的肢解而支离破碎，消失殆尽……

他是个好人，他不该有这样的下场。

不，也许正因为他是个好人，他才会有这样的下场！

我罗织罪名，组织几个人共同诬告周兴暗地里有不敬女皇帝的言行。果然，女皇帝召我过去，让我处置周兴。

那一日，我笑意盈盈地请周兴来我家中喝酒，讨论用刑的经验。

我假装叹气："周兄，最近有个想谋反的罪臣就是死活不认罪，你有什么好的用刑想法吗？"周兴阴险地笑了："这还不简单吗？你呀，就让人准备个大瓮，四周架起炭火烤烤，这人不招供，就把他扔进瓮中，你看他到底怕不怕！"

我听完依然保持笑容,挥手叫来手下侍卫,立刻把周兴五花大绑,亲切地凑近他问候道:"那么周兄,现在就请你进瓮试试如何呀?"

周兴吓得冷汗直流,有的没的全招认个干净。

我当然不会让他死得痛快。

我比谁都清楚,我的下场未必会比周兴好。

既然选择了这条通往地狱的道路,除非是阎王亲自唤,神鬼自来勾,三魂归地府,七魄丧冥幽;否则,多活一天,我就要多作一天孽。

我对这个世界的报复,尚兀自不肯休。

我要你忠臣变逆臣,亲人成仇雠,父子母女相互猜疑,道路以目、人人自危。

哪怕你贵为皇子公主,也要你对我咬牙切齿,却又无可奈何。

我的下一个目标,正是女皇帝最疼爱的女儿——太平公主。

只要我将罗织到的罪证交到女皇帝面前,保准太平公主不死也至少脱一层皮,从此母女之间再无任何亲情可言。武则天,别以为你高高在上,我知道我们是同一类人,除了手中的权力,我们谁也不爱。

然而这次我失算了。有人出卖了我，提前泄露了消息，武氏一族的诸王和太平公主联手对付我，说服了武则天要将我置于死地。

万岁通天二年（697年）六月三日，我在囚车中经过闹市，洛阳城百姓云集，前来围观我的行刑，场面堪比上元节。这一路，我的身上被泼满了五花八门的脏东西，每个人都瞪大眼睛看着我，我却抑制不住笑意，俯瞰愤怒的人群。

我这一生早已赚够本，我杀的是人上人，饮的是御赐酒，赏的是洛阳花，攀的是章台柳，如今换一个干脆痛快的斩立决，值！真值！

行刑台下的看客们，红着脖子嘶吼着咒骂，群情激愤一个个正义凛然的模样，使我愈发感到可笑。

你们这帮虚伪又胆怯的蠢货，也就只敢在这个时候骂骂我。

樵夫拿斧砍树，树却只敢怪斧子锋利；厨子用热锅煮羊，羊却只会怪热锅太烫。

我本是丧家之犬，咬人是我唯一的本事。只要女皇帝愿意，她还会有千千万万的野狗代替我。你们中的不少人，怕是想当鹰犬而不得。

当我最后一眼望向愤怒的人群,仿佛看到地狱之门已经打开,满街都是狰狞的鬼。

这人间,何尝不是一种地狱?

番外 二

椒花颂·太平公主与上官婉儿

> 婕妤懿淑天资，贤明神助。诗书为范围，捃拾得其菁华；翰墨为机杼，组织成其锦绣。
>
> ——《大唐故婕妤上官氏墓志铭并序》

掖庭奴

除夕，一年之末。

唐人为除旧迎新会在院子里堆起柴火点燃，将不用的旧物丢入火中燃烧，这叫作"燃庭燎"。一家人会做许多好吃的围坐在庭燎边聊天守岁，孩子们会将竹竿放在火堆里，直到听到竹竿爆裂声，寓意着驱逐年兽、辟邪，这就是"爆竹"。

不仅寻常百姓家如此，皇宫中的除夕夜也会"燃庭燎"守岁，只不过寻常百姓家燃烧的是柴木，而皇宫之中燃烧的则是沉香木，随着熊熊火光冲天，香气萦绕整座皇城。

这一晚，为了能让宫中贵人们开心守岁，掖庭奴们彻夜忙碌，端茶送酒，再疲惫也不敢松懈。

夜好深了，终于女官让大家稍作休憩，围坐到火堆边吃点东西，也感受一下过年的气息。

上官婉儿年纪小，实在疲倦，打着哈欠跟娘亲说自己想睡觉，娘亲从怀中掏出一本破旧的《诗经》，让她先找个角落看书休憩。

婉儿乖巧地拿过书，找了一个无人打扰的角落，翻着旧书自言自语："可是《诗经》我全都背熟了，好想有新书可以看啊……"

"大胆小奴，在此鬼鬼祟祟作甚？"

突如其来的呵斥声吓得婉儿一个颤抖困意全消，紧张地一回头，眼前竟是一个粉嫩嫩、圆嘟嘟，犹如玉人般的小姑娘，头戴逍遥巾，穿着一身小小的道士服，手里还拿着一柄小小的拂尘。掖庭宫怎么冒出来这么个女道童？

"我，我，我……"婉儿生怕说错话，一时忐忑得结巴。

"嘻嘻。别怕，我逗你的啦！"

小玉人左右张望了一下，确认附近没人，露出淘气的笑。

"我是偷偷跑出来的，你可千万别跟人说见过我哦。"

婉儿连忙憨憨地点头。

小玉人大大咧咧地坐在了婉儿身边，随手夺过婉儿手里的《诗经》。

"欸，我刚听到你说，你会背《诗经》里面所有的诗，我不信。"

"那你随便选一首诗，我背给你听。"

"那就《庭燎》呗。"

"夜如何其？夜未央，庭燎之光。君子至止，鸾声将将。夜如何其？夜未艾，庭燎晣晣。君子至止，鸾声哕哕。夜如何其？夜乡晨，庭燎有辉。君子至止，言观其旂。"

上官婉儿声音婉转，语调流畅地背完诗，小玉人忍不住拍起了手："你好厉害啊！这书上面的字你都认识？"

婉儿羞涩地点点头。

小玉人张大了嘴巴，摸了摸后脑勺坦诚道："那你比我聪慧多了，我可背不来。"

远处又一阵爆竹声响起，伴随着庭燎的火光照亮了婉儿的侧脸。

"你长得真好看。"小玉人盯着婉儿的脸庞，发出由衷感叹。

婉儿闻言低下了头，耳根发红。

"又有才华又好看,我要是男子,肯定娶你当妃子。你叫什么名字啊?"

"婉儿,上官婉儿。"

"名字也好听。"她从怀里掏出一块玉石戒指,拉起婉儿的手,放在了她手心上,笑得一脸自信、骄傲。

"我记住你了,婉儿。以后谁要是敢欺负你,你就给他看这个戒指。"

一群太监焦急的脚步声向这边传来。

"哎呀烦死了,怎么走到哪儿都有一群人找我,我又不会走丢。"小玉人蓦地起身,对婉儿粲然一笑,"下次见面,我给你带新书。"说完就一溜烟消失在重重宫门之中。婉儿恍惚觉得,她就是一匹误入人间的小年兽。

可是,还没问她的名字呢……

上官才人

听到武后召见女儿,上官婉儿的母亲郑氏面如死灰,险些昏厥。这么多年过去了,她还是想起了我们,想要赶尽杀绝吗?

打从有记忆开始,上官婉儿就一直在掖庭为奴。关于她的身世,娘亲从未谈起过,也不许婉儿问。如今见到母亲惊恐绝望的神情,聪慧的她已然猜到,上官家多半得罪过武后。

上官婉儿胆战心惊地拜见武后,跪在地上头也不敢抬,心中已经做好了最坏的打算。

"本宫听说,你小小年纪就已熟读经书、博闻强识,今特召你来验明真假。"

上官婉儿不敢相信,自己一个微不足道的掖庭奴,怎么会有人向天后引荐自己。

"抬起头来。"武后命令道。

上官婉儿抬起头来,先进入眼帘的竟是武后身边除夕夜那晚遇到的小玉人。

只见小玉人狡黠地朝她吐了吐舌头,脸上还有一丝"快谢我"的期待,瞬间化解了婉儿的不安。原来小玉人正是当今天皇天后最宠爱的女儿——太平公主。

武后亲自出题，让上官婉儿根据题目写诗作赋。婉儿略加思索，下笔如有神，文思无凝滞，很快就写完了。武后看过之后脸上也露出了欣赏的神色，又问了上官婉儿一些历史典故和经典出处，无一不是对答如流。武后颔首微笑道："确实才华出众，不愧是那人的孙女。"

那人？上官婉儿有些茫然，武后看出了她的懵懂，不禁露出意味深长的笑。不久后武后亲自免去了上官婉儿的掖庭奴身份，将她留在身边，为自己处理文书。

婉儿没想到自己能有这种机缘，更想不到后来，她越发得到武后欣赏，被武后封为五品才人——才人，是武后年少入宫时的品级。

太平公主噔噔小跑到婉儿身边，婉儿忙道："小奴此前不知公主身份，多有冒昧，还请公主恕罪。"

"无罪无罪。以后见到我别这么拘谨，想看什么书尽管告诉我，我那里什么书都有，你随便挑。"

"多谢公主恩德，婉儿必牢记于心，终生不忘。"

"要不以后见到我你就多笑笑？你笑起来肯定更好看，我看了高兴。"

婉儿笑了，虽是含蓄不露齿的笑容，却已如芙蓉花开。

此后多年，武后经常让上官婉儿陪伴太平公主，让两个少女携手游乐。

见不到彼此的时候，太平公主隔三岔五就会写信给上官婉儿，分享近日的心事。

"婉儿，你太瘦了，多吃点更好看！我特意为你带来的西域糕点，我都不舍得吃！"

"婉儿，父皇母后想把我嫁给吐蕃的田舍郎，我好难过呀！原来我的命运由不得我。"

"婉儿婉儿，母后让我出家入道，这样我就可以不嫁到吐蕃啦。你有空一定要来道观看我，我会很想你的！"

"婉儿婉儿婉儿，我跟你说，我爱上了一个非常俊美的郎君，他好比神仙下凡，我见到他的第一面，就想做他的妻子。我跟父皇母后说了，我想嫁给他，他们同意啦！"

上官婉儿读到这封信时，她和太平都是十八九岁的青春年华，正是对爱情最向往的年纪。太平公主可以勇敢炽烈地追求自己想要的爱情，可自己呢？恐怕只能在这深宫之中孤独终老吧。

永隆二年（681年），二圣赐婚，将太平公主嫁与城阳公主之子

薛绍。

  婚礼极为隆重,引来整个长安城百姓的围观,唐高宗夫妇要向天下人展示他们对女儿无与伦比的宠爱与祝福。大婚之日,火炬从大明宫兴安门一路延绵至万年县衙,朱雀大街上横陈红毯,一路鲜花铺地。太平公主身着嫣红嫁衣,裙裾拖曳于地,美艳不可方物。婉儿随侍武后,默默注视着这世上唯一的好友满面春风,成为世上最幸福的新娘。

  桃之夭夭,灼灼其华。之子于归,宜其室家。

  太平,愿你从此美满安康。

  大婚过后,婉儿再难见到太平一面。太平公主和薛绍过着和睦恩爱的日子,再也没给婉儿写过信。

  上官婉儿体会到了《诗经》中闺中思念的心情,写了好多给太平的信,但不知出于什么心理,写完即焚,唯独留下一首诗。

彩书怨

叶下洞庭初,思君万里馀。露浓香被冷,月落锦屏虚。
欲奏江南曲,贪封蓟北书。书中无别意,惟怅久离居。

  秋夜长,相思更长;只有寒露带来凄凉,只有月儿与我为伴。

我写下一封封思念的信，却从未寄出，谁也不知道我的心中在为谁而怅惘。

在武后身边的日子，上官婉儿逐渐得到了武后的信任恩宠，许多诏敕多出其手。同时，她见证了朝廷内外的波诡云谲，随着唐高宗李治的离世，武后废黜新皇，临朝称制，多少人头落地，多少新人换旧人。在这个世上权谋城府最狠辣的太后身边，婉儿学到了太多书里学不到的东西。

柔弱的外表下，野草般坚韧的心智日渐成熟。

太平公主

薛绍死了。

她在这个世上最爱的男人，她的丈夫，他们四个孩子的父亲，死了。

他被生生打了一百棍，扔到阴暗潮湿的大牢里无人理睬，直至活活饿死。

当太平公主见到丈夫的尸首时，她竟一时认不出来。素来丰神俊朗的薛绍,死时浑身没有一块好肉。

杀死薛绍的,正是最宠她的母后。

太平公主哭得撕心裂肺,几度晕厥,也未曾动摇太后的杀心。

任何敢动摇太后权力的人都是死路一条。别说是女婿,就算儿子又如何?三哥被废黜,四哥被软禁。太平公主曾天真地以为母亲是最爱自己的,政治斗争可以离自己很远,她只想当个和睦之家的女儿、妻子、母亲,原来这个简单的愿望也是奢望。

一夜之间,她长大成人。

成人的世界没有是非对错,只有利弊权衡。

无论母女亲情还是伉俪情深,在权力面前都不堪一击。

经历过丧夫这痛彻心扉的一课,她的心里再也没有天真,迅速蜕变为如她母亲一般的政治动物。

肉身依然在,魂魄今已换。

太平公主无论是长相还是头脑,都非常像她的母亲,当她对权力觉醒之后,成长速度可谓一日千里,令武则天都感到惊讶。

她解决了武则天的男宠冯小宝,扳倒酷吏来俊臣,又推荐了美男子张昌宗给母亲取乐，攫取武则天的欢心与信任，地位进一步得到巩固，封户从三百五十户涨到了三千户。

与此同时，上官婉儿在武周朝逐步掌握权力。若说外廷宰相是狄仁杰，那么内廷真正的女宰相，正是上官婉儿。虽然没有宰相的头衔，却有宰相的实权。武则天让上官婉儿处理百司奏表，参决政务，掌管制诰，国家上下政务军略，生杀大权，多数取决于上官婉儿。

神龙元年（705年），宰相张柬之发动政变，诛杀二张（张易之、张昌宗），逼迫武则天还政李唐，史称"神龙政变"。

向来爱美的武则天不再梳妆打扮，一个月之内迅速苍老。当太平公主与上官婉儿出现在她病榻前，她在二人紧紧相牵的手中看懂了一切。

原来自己最厚待恩宠的两个女孩，从未真正忠诚于她……

权力的游戏

神龙政变之后，太平公主被晋封为镇国太平公主，实封五千户；

上官婉儿身为武则天的心腹，非但没受到任何牵连，反而得到唐中宗李显重赏，并且册封为婕妤，专掌制命，实际地位仅次于韦皇后。

名义上婉儿是唐中宗的妃子，但实际上她一直住在皇宫外，在长安西街市有自己的府邸。

太平公主与上官婉儿，同时登上了权力游戏的巅峰角斗场。在外人眼里，上官婉儿是韦皇后的心腹，而韦皇后俨然将成为第二个武则天，与太平公主代表的李唐阵营水火不容。

谁也猜不到两个人真正的野心，太平公主与上官婉儿之间，才是缔结最深的同盟。

李显昏弱无能，忌惮相王李旦与太平公主功高震主，重用外戚打压功臣集团，对韦皇后和安乐公主宠爱至极，甚至一度想将安乐公主立为皇太女。但凡朝中有眼力见的，都看出了韦后想效仿武则天的野心。上官婉儿为韦皇后献计献策，建议韦皇后拉拢武氏势力对抗太平公主与相王，此时武氏势力的关键人物武三思，正是上官婉儿的情夫。

韦皇后采纳了建议，还将安乐公主嫁给了武三思的儿子武崇训，另一个女儿新都公主嫁给了武三思的侄子武延晖。武三思再度权倾朝野，飞扬跋扈起来，这让许多参与神龙政变的功臣心寒。

于是中宗朝出现相当诡异的势力分布。唐中宗李显、韦皇后、武三思、太平公主、相王李旦以及太子李重俊等多股势力之间貌合神离，存在千丝万缕的联系又彼此心怀鬼胎。上官婉儿八面玲珑、左右逢源，似乎和每一股势力都暧昧不清。

神龙三年（707年）七月，太子李重俊因不是韦皇后亲生，地位受到极大威胁，干脆一不做二不休发动兵变，一举诛杀了武三思父子，随后攻打玄武门失败逃入终南山，最终被部下杀死。

这场权力巅峰赛，年轻冲动的李重俊与飞扬跋扈的武三思首先被淘汰。

李重俊死后，韦后进一步加强自身实力，打压其他势力，大力提拔韦氏一族担任高官，让韦家子弟统领掌握宫中禁卫军。唐景龙四年（710年）[1]六月，唐中宗李显忽然暴毙，朝野内外都怀疑是韦皇后下的手，一时人心惶惶，人人自危。

皇帝李显退场之后，这场权力的游戏中，韦后只剩下两个真正的对手——镇国太平公主与安国相王。

李家兄妹感受到强大威胁，自然强强联合，共同对抗韦后。

相王李旦有五个儿子，其中三儿子李隆基格外出众，文武双全杀伐果决，颇有太宗之遗风。鉴于李旦仁厚温和，始终下不定决心

1　见P188景云元年。

造反，李隆基私下联系太平公主，决定先下手为强，起兵一举除掉韦后。

景龙四年（710年）六月二十日深夜，李隆基与太平公主的儿子薛崇简等发动政变，率兵冲入玄武门大开杀戒，将宫中韦后的势力彻底铲除。

已经成为昭容的上官婉儿，手执灯笼迎接李隆基手下将领，拿出她起草的李显遗诏。她说，自己其实是太平公主的人，对李唐皇室素来忠心，一直忍辱负重潜伏在韦后身边收集谍报，恳求李隆基先留自己一条命，来日可与太平公主求证所说是否属实。

李隆基看了遗诏，冷笑道："此女不可留，斩。"
上官婉儿被斩首，终年四十六岁。

镇国太平公主

得知上官婉儿被斩首，太平公主怒不可遏。
她质问李隆基为何要杀婉儿，李隆基却佯装不知，只说当时兵荒马乱，手下都以为上官婉儿是韦后心腹怒而杀之，实属可惜。

太平公主从李隆基的眼神中看懂了侄儿的狡猾，他在说谎，他也知道姑姑看出自己在说谎，可他无所谓。杀死上官婉儿，就意味着从此之后，两人短暂的联盟彻底撕裂。他们彼此都非常清楚对方的野心，接下来的路注定势不两立，不死不休。

唐隆政变后，相王李旦当了皇帝，李隆基成为太子，太平公主实封满万户，权倾天下。李旦在妹妹要求下，很快为上官婉儿平反，复封为昭容，谥号惠文。

太平公主亲自为上官婉儿选择墓地，料理后事。按照唐朝颁布的丧葬礼仪，上官婉儿理应跟随名义上的丈夫唐中宗李显葬在定陵，可是太平公主却向哥哥李旦申请让上官婉儿葬在了自家墓地，曾经最心爱的丈夫薛绍墓的一旁。

婉儿，你且等我。若他日你我志向实现，我必与你合葬一处，千岁万岁，共享史书一册。

处理完婉儿的后事，太平公主立即向李隆基宣战。

婉儿，我来为你报仇。

我要用李隆基的血，祭奠你。

李旦无比信任自己的妹妹，几乎无所保留地让太平公主分享着自己的皇权，公主诸子三人亦封王，几乎就是女摄政王。公主想要做的，李旦从来都是同意，朝中文武百官的升迁降黜，尽在公主的一句话，她举荐的民间有才之士，平步青云者更不可胜数，朋党遍布朝野。

　　太平公主慷慨爽朗，深得属下人心。在李隆基的东宫中也有不少她的眼线，对太子的一举一动了然于心。

　　她在等一个时机，一举将李隆基打入地狱深渊。李隆基当然不会束手就擒。

　　朝堂之上，太平公主与太子李隆基针尖对麦芒；朝堂之下，两人都在疯狂加强自身势力，拉拢人心。

　　谁输，谁死；谁赢，谁注定开创新的历史。

　　先天元年（712年），太平公主以占星为借口，暗示李隆基要造反。没想到李旦不但没有惩罚李隆基，反而决定提前退位。八月，李隆基称帝。一场姑侄之间的腥风血雨，已然不可避免。

　　先天二年（713年）七月，太平公主决定发动政变，先下手为强。孰料情报泄露，李隆基率先奇袭，将太平公主的党羽尽数诛杀，最终将太平公主赐死家中。太平公主最终也不知葬在何处。这场权力的角逐，李隆基成了最后的赢家。

李隆基登基后，进一步将太平公主的势力斩草除根。他下令捣毁了薛绍墓和上官婉儿墓，以至于千年以来的史书，始终不清楚太平公主与上官婉儿竟有着如此亲密的关系。

　　直到 2013 年 8 月。上官婉儿墓在陕西省西安市考古出土，人们发现墓志铭上太平公主悼念婉儿的题词：
　　"潇湘水断，宛委山倾，珠沉圆折，玉碎连城。甫瞻松槚，静听坟茔，千年万岁，椒花颂声。"

　　卿今远去，天地失色。恐我今后能为之事，无非坐看你墓前那棵茶树，或许，我立在坟茔方寸还能再听到你的声音。但这毕竟是妄想啊，静静坟茔，不见玉颜，空死处。但愿一千年一万年之后，尚有人同我一样，记得你。

　　女子未必不如男，男也未必贤于女子。千年来礼教规训，方有如今男尊女卑之圭臬。若吾辈当政，则必令大唐女子，不必甘心墨守成规，一心待嫁为人妇。女子之才华洋溢，犹胜于男子，岂可让其湮没礼法桎梏之中，枉费日月。吾辈当挺身而出，重塑女子自强之心，千秋万岁。

番外 三

神仙笑

世人都晓神仙好,惟有功名忘不了。
古今将相在何方?荒冢一堆草没了。

——曹雪芹《好了歌》

他本是山中野鹤,志在云游四海,长安街头卜卦,洛阳酒肆闲话。踏遍名山心无鹿,大明宫里封王。众人皆醉我独醒,辞官归嵩山,夕阳做伴松涛懒,溪风不闻钟。

他名叫武攸绪,大唐并州文水人,出生于永徽六年(655年),与章怀太子李贤同岁。

武攸绪昂藏七尺,身如苍松翠柏,自小一股英雄气概,然而,他平生素无大志,乐得四处遨游晃荡,晃着晃着年近三十,忽而官至右千牛卫将军，受封安平王。别人羡慕不来的富贵荣华于他而言却是轻而易举。然而，身处权力之巅的皇宫，他却如陷囹圄，日夜思逃。

　　他想离开，可他害怕那个坐在龙椅上的女人——他的姑妈，武曌。
　　当初武攸绪父亲武惟良死得冤，就是拜姑妈所赐，只要得罪了姑妈，亲儿子都照杀不误，何况是侄子。

　　那年高宗皇帝驾崩，宫中风云变幻，新皇帝登基一个来月就被羽林军拉下龙椅，此后李敬业扬州叛乱被镇压，朝中宰相裴炎被夷三族，一场腥风血雨后，太后武氏执掌大权临朝称制。
　　与此同时，丘神勣奉太后之命，前往巴州逼迫前太子李贤自缢。
　　如此背景下，武攸绪收到朝廷征召，前往洛阳为官。

　　亲友喜逐颜开，皆道恭喜恭喜。
　　而他苦笑摇头，嗟叹非也非也。

　　武攸绪很小就意识到，世人皆身不由己。
　　汉诗云："生年不满百，常怀千岁忧。"人上寿百岁，中寿八十，下寿六十，除病瘐死丧忧患，其中开口而笑者，一月之中不过四五日而已矣。且不说生老病死、悲欢离合无人可以逃避，单是活着本身就要为了衣食住行殚精竭虑。一饮一啄，他人不可代替。贫穷者为了活下去丢弃尊严当牛做马依然朝不保夕，富贵者应有尽有仍旧欲壑难填贪得无厌。求名者汲汲营营，求利者熙熙攘攘。魑魅魍魉鬼画皮，难见真的人。

少年时学道，他不爱四书五经儒家教条，独爱道家五术山医命相卜。他向往成为庄周、列御寇那样的人，不管是前者的无为，还是后者的御风而行，都令他好生羡慕，于是立志成仙。他勤练打坐呼吸吐纳，偶尔也会尝试辟谷。少年壮志不言愁，誓要把仙法领悟。老子说五色令人目盲，五音令人耳聋，五味令人口爽，他就恬淡寡欲，成了武氏纨绔子弟中的清流异类。

看完葛洪所写的《神仙传》，他想去天下名山寻访仙人的踪影，挎上简单的行囊告别家乡，来一场说走就走的旅行。

他一路打听仙人隐士的故事，也见识到了这人间参差不齐的命运。原来这个世上那么多人不学习诗词书画，也没有所谓志向抱负，他们渴望的只是一顿饱饭，一件暖衣。借宿之地的百姓，常常连一顿像样的饭菜都没有。路上会有面色焦黄的农民、骨瘦如柴的孩童、满面生疮的乞丐、横行霸道的无赖、脏话连篇的妇女、无人收尸的老人，甚至市侩凶狠的黑店……这一切，都是自己在书中和武家大宅不曾看到过的。他们劳作，他们挣扎，他们求生，他们半死不活。

  这世间为什么是这样？耕者无其田，织者无罗衣，拼命干活的人随时都在死亡的边缘，而豪族子弟不事生产，活着就是吃喝玩乐。这合理吗？

  莫非真的一切皆是命，富贵贫贱早有定数？

  世间万物理所当然地存在着，可是存在就一定合乎天道吗？有的人生来就是主子，理所当然地伤害奴仆；有的人生来就是牛马，一生一世翻不了身。已足够的还嫌不够，贪婪地剥削着底层百姓仅剩的余粮，逼迫他们卖儿鬻女，流落街头。土豪劣绅们不断霸占土地，将穷人变成奴隶，文人骚客嘴上歌颂着山河秀丽、风花雪月，心中却想着升官发财、左拥右抱。

  愚痴的、嗔恨的、嫉妒的、阴险的、残暴的、狡诈的、卑鄙的，杀人放火金腰带，恶人们活得逍遥自在，受苦受欺负的人不懂得反抗命运，只会靠宗教麻痹自己，祈祷结束这痛苦的一生，死后可以获得满足。

  从来如此，便就合情合理了吗？

  若不合理，为何又从来如此？

看得越多，他越疑惑、愤懑，不禁想问，若真有神仙，他们为何坐视不管？

他搞不懂这一切背后的道理，只是他也渐渐明白：
世上岂有神仙哉，人间风月如尘土。

武攸绪一路上仗义疏财，等来到长安早已身无分文，无奈之下只好街头摆摊算命，以多年所学《易经》为人占卜解卦，换取一顿饱饭。他当然可以去找京兆府尹表明身份，以如今武皇后二圣临朝的滔天权势，官员们必然好吃好喝伺候，然而他不屑如此。他就是他，不是谁的皇亲国戚，只是一个疏旷自在的江湖中人，一个寻仙问道的逍遥游侠。

孰料他低估了自己算卦的技艺，本来只想赚点路费，却不日就传出了名声，来找他算命的人竟排起了长队，眼看路费早已充足，他便趁着夜色撂下摊子，悄无声息地溜走。

他听闻家族中的同辈人几乎都已入朝为官，就连武懿宗此等鄙陋怯懦之人竟也登堂入室，其中堂兄武三思、武承嗣尤其得势，虽说他们的父亲死于姑妈之手，可如今武氏一族鸡犬升天，个个在朝中身居高位，全是托姑妈的福，大家当祖宗拜还来不及，谁会思及那些陈年旧事？他们一马当先地为姑妈排除异己，诬陷打压李唐宗室，行事飞扬跋扈。

武攸绪太清楚这帮堂兄弟是什么货色，这帮人竟摇身一变穿紫衣挂金龟，沐猴而冠，这李唐江山怕是要变天。

武攸绪对姑妈并无印象，只隐约从亲人口中听出，她是个极其美丽且恐怖的女人。一旦触怒她，哪怕是亲儿子也照杀不误，武家叔父辈入朝为官的，几乎都因得罪她而死。

得到征召的那一刻，武攸绪多么想拒绝，生性自由散漫的他，既没有当官的才华，也无此意愿。可若是惹恼了姑妈，倒霉的可不单是自己，还要牵连家人。

武攸绪只好硬着头皮来到大明宫当差，一跃从平民高升为从二品右千牛卫将军，执掌侍卫宫禁及供御兵器仪仗，负责宫内日常安全。这是多少人求而不得、羡慕不来的美差，武攸绪却如芒刺背，浑身不自在。百官上朝时，他就手持皇室御刀——千牛刀，像个雕像般立于御座一旁待命。当差第一天，他没见到皇帝，坐在御座上接受百官朝拜的，是临朝称制的姑妈。她，才是大唐江山实际上的主人。

太后春秋已高，可丝毫不见衰老，犹可见昔日盛颜；谈及政事出口成章，有条不紊，令闻者心悦诚服；若有蹙眉动气，满朝文武噤若寒蝉，其威严凛凛可见一斑。

侍卫御座的日子里，武攸绪见识到了朝堂犹如修罗场，每天都在上演着生死存亡的大戏。

宰相裴炎、左武卫大将军程务挺、中书侍郎刘祎之等曾受太后重用的大臣，一夕之间就因姑妈的疑心而人头落地，这朝堂一年之内竟接连换了几拨人，往往武攸绪还没认熟，那个人就已先去地府报到了。世家大族的勋贵们纷纷败落，酷吏小人反而扶摇直上，成了群臣闻风丧胆的噩梦。就连战功赫赫的大将军张虔勖，竟也毫无尊严地被酷吏来俊臣活活乱刀砍死。于是朝堂之上，君子卷怀括囊以保其身，小人阿意迎合以窃其位。武攸绪都看在眼里，心里自有臧否，面上平淡如镜。

他想起《庄子·山木篇》中所说：乘道德而浮游，浮游乎万物之祖。

庄子是告诫弟子们处世之道，若身处无可奈何之境遇，该当如何自处。那就是纯粹观察，不做评判。抛开身份、地位、种种肉身之存在，平实看待眼前的情况。

自然之道并无好坏善恶，正如天道有常，不为尧存，不为桀亡。

一个人有用无用，是忠是奸，到底由什么来评判？

皇帝必须姓李吗？这天下姓武还是姓李，对天下百姓来说有区别吗？

难道皇帝必须是男人吗？只是之前从未有过女子称帝罢了。

所谓忠臣，忠的是一个信念。忠臣维护一个君主，维护的只是心中的执念。

所谓奸臣，奸的是眼前利益。鸟兽尚且逐食，逐利岂非万物本性？利于生存则进，不利生存则灭，此乃自然之道。

人可以为了观念赴死，可以因逐利丧命，只要所求是所愿，发乎本性即合乎自然之道。

任何时候，人的精神都是自由的。哪怕被威逼利诱，一个人内心真实的想法也改变不了。问题是，一个人认为正确的观念，是否真的发乎本心呢？

武攸绪的认知，在乾元殿上不断提升。大唐最高的权力中枢每天上演人间欲望的好戏，他将所有景象一一映入眼睛，如一只飞鹰俯瞰人间百景，日渐不起情绪。

姑妈一日赞叹他道，你的眼神已如潭水般深邃。

垂拱四年（688年）四月，武三思奉上百姓于洛水打捞出来的瑞石，上面竟刻着八个大字："圣母临人，永昌帝业"。饶是再迟钝之人也看出了太后的心思。

万民请愿，凤凰于飞。一切仿若顺理成章，姑妈登基称帝，改国号"周"。

武周天下，诸武封王，右千牛卫将军武攸绪转身成了安平王，历迁殿中监兼扬州大都督长史。

举族武氏弹冠相庆，大摆宴席，来来往往皆是武周新贵。武攸绪端坐一隅，冷眼旁观着族人们的狂欢。热闹是他们的，与他无关。他坐在这里格格不入。

武三思酒过三巡兴致高昂，拉着武攸绪要他算卦："听说你算得很准，帮哥算算以后怎么样呀？"

武攸绪冷冷道："你要听实话吗？"

"实话，实话，有什么不能说的？"武三思心中窃喜，莫非自己可以做太子？

"那好吧，你以后会死无全尸。"

喧闹的宴席，顿时一阵死寂。

武懿宗本就看武攸绪不顺眼，大声嘲讽武攸绪这小子从小假清高，大喜的日子胡说八道扫大家兴，该杀！魏王武承嗣忙上前劝和，人各有志不可强求，武攸绪自小恬淡寡欲，不是你我这等俗人可以妄加菲薄的。随即握住两人的手，笑着劝二人各自罚一杯酒。

不愧是最讨女皇帝欢心的武承嗣，说话做事确实是八面玲珑。武攸绪一饮而尽，望着屋内这帮得意忘形的亲人，更加坚定了早日离去的决心。

他早已为武氏一族卜过卦，飘风不终日，盛极必衰。在座之人能善终者寥寥无几。武氏一族屠戮李唐宗室太过，这笔账迟早是要还的。姑妈难道真会传位给侄子，而非自己亲儿子？

其实很简单的道理，只是当局者迷。

武攸绪更多的只是疲惫，他不喜欢奢靡的贵族生活，更不喜欢庙堂的诡谲争斗，他希望如从前一般，坦坦荡荡活在天地之间。

正如《庄子·秋水》中所讲的那个故事，猫头鹰吃死老鼠吃得津津有味，见到空中飞过凤凰，以为凤凰要来抢自己的腐鼠，哪晓得神鸟根本看都不想看。

世人只热衷肉身所能感触的事物，填补永远无法满足的嗜欲，却根本意识不到,自己执迷的只是死老鼠。

天册万岁二年(696年),女皇帝封禅嵩山回宫,龙颜大悦奖赏群臣,对于武氏一族更是厚赐,武攸绪趁此机会提出自己想隐居嵩山,甘愿放弃一切官爵,实现多年求道夙愿。女皇帝颇感诧异,武氏一族竟还有此等奇人,欣然许之。

这是武攸绪伴君多年来最快乐的一刻,如飞鸟出笼,鱼回大海。

武攸绪多年来不近女色,以保内丹不漏,故而家中也无妻子儿女所累,只有家仆十几人。辞官回府后他难得面露喜色,召集府中诸仆道,我等有缘相识,无奈以主仆身份相处,这不是我所希望的。不日我将前往嵩山隐居,我会给你们一笔钱还各位自由身,宅子里有什么看中的尽管拿去。

家仆们久蒙武攸绪的恩德,又都认为他绝非凡人,无不希望一同前往,也可方便照料。武攸绪微笑着回应,从此以后我们皆是平民,彼此照料即可,不必把我当主子伺候,这是我的心愿。

家中有女帝所赐及王公赠送的贵重器玩,武攸绪一概弃之不用,除此之外,家中也别无他物了。武攸绪为官多年俸禄倒是存了不少,他自己平日里用得就少，分了一部分给家仆，大部分钱财捐给病坊[1]，分给需要的贫者病者。

无官无财，身心自在。

他又回归到年少时的状态，挎上简单的行囊，踏上发乎本心的人生。

人生不自由，一念接一念，且大部分念头并非自发，而是世俗所染。

定乎内外之分，辩乎荣辱之境，役心为道，栖身物外，方能逍遥游。

道理很简单，可真能实行的人太少太少。世人对这副皮囊过于执着依赖，常常忘了我之为我的本质远比肉体更为广阔。

来到嵩山，武攸绪换上了粗制麻衣，住进了茅草石屋，做起了山野村夫，白昼耕田，傍晚浇菜，山中采药，陋室修心。

光脚踩在泥土上，他感受到一种回归自然的踏实；人与人之间平等相处，使他由衷喜悦自在。听到家仆终于不再喊自己阿郎（老爷），而是笑着称呼自己"老武"，他无比欣慰。

1　收养贫病平民的机构。

世上本没有主子奴仆，只是有的人想跪，有的人想让人跪，才有所谓高低贵贱、三六九等。皇帝也好，农民也罢，在这天地眼中并无不同，所有的观念都是人为制造出来的枷锁。

人人不想跪，不用跪，便也不再有主仆之分。

他改变不了世道，只能尽其所能，改变自己和周遭。

武攸绪过着他的山中岁月，而宫中的暗流涌动从未停息，随着宰相张柬之等人发动神龙政变扶持李显（唐中宗）登基，几个月后武则天在幽禁中过世，此后武氏家族开始失势衰败。

唯有武攸绪，非但没受到牵连，反而因当初武氏鼎盛时隐居嵩山安贫乐道，而在长安人的口口相传中越说越神，什么目有紫光、身轻如燕、御风而行、白日飞剑……成了大唐知名度最高的活神仙。

唐中宗也非常好奇，接连下诏让武攸绪入宫。武攸绪以为此去必是作为武家人赴死，早已看淡生死的他慨然出发。谁料竟只是安乐公主出嫁，非要让传闻中的神仙表伯来婚礼现场充排面不可。武攸绪回长安的消息传出，满城百姓都蜂拥而至，想要一睹活神仙的风采，然而他们没有看到想象中仙风道骨白发白须的高人，看到的只是一个平平无奇的瘦巴巴的老头。

唐中宗钦佩于这位表哥的淡泊，准备了极其隆重的仪仗亲自前去接引，册封武攸绪为国公，下令翰林学士赋诗歌颂，赏赐金银无数。武攸绪以一种疏离而又无可挑剔的礼节，淡然拒绝了一切赏赐。王侯贵族们争相巴结，可武攸绪始终不发一言，熬到他们扫兴而归。

他请求皇帝放他回山，皇帝却一再挽留。
"陛下听说过楚王见庄子的故事吗？"
"朕知道，您的意思是？"
"老朽宁做龟曳尾[1]。"

唐中宗也不再强求，派人送武攸绪重回嵩山。
武攸绪见到熟悉的山民们，笑容才重新出现。
他的生活一如从前，不劳作，就不吃饭。每一顿饭都要吃得安心。

之后宫中接连发生政变，唐睿宗李旦即位后，彻底对武氏一族展开清算，活着的死去的都没放过，甚至还将武三思开棺戮尸，算

---

[1] 庄子在濮河钓鱼，楚国国君派两位大臣前去请他做官，庄子笑而不言，随即以神龟为喻："此龟者，宁其死为留骨而贵乎？宁其生而曳尾于涂中乎？"后遂用作典故，以"龟曳尾"比喻自由自在的隐居生活。

是应了武攸绪的谶言。

唯有武攸绪，唐睿宗特意下诏安慰：诸武之罪与你无关，朕只遗憾你不想做官。你的高尚朕很敬仰，山中清苦望自清安。

之后唐玄宗登基，朝中又有声音要清算武攸绪，连名相姚崇都忍不住反驳，人在最富贵之时都能弃之敝屣，如今隐居深山二十年，到底有什么好担忧的？

唐玄宗下令不许州县官员再去打扰老人家。

唐玄宗有感而问姚崇，难道真有人完全不贪图名利富贵吗？那他所图的到底是什么？

姚崇沉吟良久道："陛下，有没有一种可能，就是他那么活着，是真的很快活？"

开元十一年（723 年），武攸绪无疾而终，享年 69 岁。

山中也有人说，先生走的那一晚山林中传来爽朗的笑声，那是神仙才会有的笑。

安史之乱前的众生相

> 山川萧条极边土，胡骑凭陵杂风雨。
> 战士军前半死生，美人帐下犹歌舞。
> 大漠穷秋塞草腓，孤城落日斗兵稀。
>
> ——高适《燕歌行》

互市牙郎·安禄山

大唐开元二十年（732年）夏的一个黄昏。

两个未来会留名史书、遗臭万年的狠人，刚刚失业了，正对未来一筹莫展。

大唐信安王李祎率兵在幽州大破奚人与契丹军队，威震诸蕃。

可此后，小股成群的奚人与契丹散兵骚扰边境不断，使得幽州一带唐人与胡人交易的互市萧条，商旅绝迹。这使那些靠着互市吃饭的人没了营生，尤其是做着无本买卖、作为翻译与中介存在的互市牙郎们。

这一胖一瘦两个互市牙郎,趴在草垛上啃着干巴巴的烙饼,饮酒叹气。瘦子名叫阿史那·崒干,身材高挑,眼窝深陷,髡发髭须,典型的突厥人容貌,面相颇为阴鸷。而那胖子倒是长得一脸福相,肉乎乎的大肚子,宽阔的身材,一颗白白胖胖的脑袋,笑起来眼睛眯成一条缝,平添几分喜感。他的名字,叫安禄山。两人同乡且同岁,出生仅相差一天,自安禄山年少时迁居营州,一直毗邻而居,成天混在一起,有肉同吃,有酒同喝。虽非亲兄弟,胜似亲兄弟。

"欸,禄山,尝尝这唐人酿的葡萄酒,味道比西域的还好。"瘦子扬起手中酒囊,递给胖子。

"啧,好香啊。"胖子闻了闻酒香,轻轻嘬了一小口,"啊,这才叫酒嘛,我们平常喝的羊奶酒简直就是水。"说罢,胖子又灌入一大口啧啧赞叹,"听人说长安的酒肆什么酒都有,喝酒的时候还有西域各族的美貌舞娘助兴,真想去一趟长安啊。"

"做梦吧你,我都快养不起老婆孩子了,你最近收成怎样?"

"别提了,老打仗还怎么做生意。我已经十来天没开张了,你看我都快饿疯了。"

"饿？你怎么还是胖得像猪一样！"瘦子打趣道。

"崒干，实在不行，我们去参军吧，至少有口饭吃。"

史崒干不语，盯着安禄山。

"参军？参谁的军？"

"当然是唐军，唐军多有钱。"

"然后帮着唐军杀突厥人立功发财，是吗？"

"啊……对不住，我就随口一说……"

"不聊这个。聊点开心的，我儿子朝义今天会喊我爹爹了！"

两位多年挚友且喝酒且闲聊，不久酒囊已空，已显醉意。

"你别说，这唐人酿的葡萄酒还挺醉人，这才多少我就有点醉了。"瘦子站起身，打算回家睡觉。

"欸，崒干，你见过羊吃肉吗？"安禄山没来由地问了一句。

"没见过。不过羊啥都吃，要是饿疯了肯定也吃肉，哪怕是羊肉。"

"我以前放羊的时候见过一只吃肉的羊。我们吃羊肉的时候，它会跑过来馋巴巴地望着，我试着丢了一小块肉，它竟然真的吃了。"

"邪门，这羊怕是不祥。"

"当时有个信奉祆教的牧子，就说这羊太邪恶，必须杀了用火烧干净。"

"那后来杀了吗？"

"你也知道,牧子杀羊向来很容易,人走过去只要把羊腿一抓,拿绳子把四个蹄子一捆,直接抹脖子放血,羊几乎都不会挣扎。可是那只羊不一样,它提前就意识到牧子要杀它,发了疯似的到处乱跑不让人靠近,有人抓到了它的前脚,它就用角撞,乃至用牙咬,眼神里面的狠辣完全就是一头猛兽。一群人抓,最后竟然还是让它逃走了。从那以后,我就再也没见过它。"

"吃肉的羊,那到底还算不算羊?"瘦子若有所思。

"不知道,我甚至怀疑,那只羊躲到山里以后,就会变成狼。"

"你说它一旦尝过了肉的滋味,是不是再也不甘心吃草了……"

"崒干,实在混不下去,我们要不还是去参军吧,好歹有军饷。"安禄山再次提议。

史崒干不应,挠了挠头。

"崒干,我最近真的太饿了。我想吃羊肉。"胖子咽着口水望着夜空,眼神中溢出饥渴。

"禄山,你醉了,早点回去吧。"瘦子试着过去拉起胖子,可是拉不动。

"嘿嘿,你知道镇上那个牧羊的渤海人老头吗,他老糊涂得厉害,早就弄不清楚自己有多少羊了,我们趁着夜色去偷只羊打牙祭吧,他肯定发现不了。"安禄山提议。

"禄山，你可别乱来。今年新来的营州都督执法极严，上个月有个奚人偷羊，就活活被乱棍打死。"

"瞧把你吓的，我就是随口说个笑。你先回去吧，我睡一会儿。"胖子打了个哈欠，闭上眼躺入草垛。

史崒干不放心地坐下观察了一会儿，确认安禄山真的睡着之后，为其盖上一件兽皮防寒，才缓缓回家。

史崒干离开不久，安禄山蓦地睁开眼睛，笑嘻嘻道："就知道你胆小，你就当只温顺吃草的羊吧，老子吃肉去咯。"他虽肥胖动作倒是矫健，一个翻身鱼跃而起，快步潜入夜色中，奔向那牧羊人的羊圈……

当天的二人自然料想不到，这一次再寻常不过的闲聊，引发了一系列命运的连锁反应，非但改变了安、史二人此后的人生轨迹，也影响了无数黎民百姓的生死，彻底改变了大唐的国运。

而那一晚，安禄山其实也没多想，他只想吃羊。

营州都督·张守珪

新任营州都督张守珪上任以来，为了立威，执法极其严峻，胡人但有过错都会亲自审问加重刑伺候。每每临刑，杀气凛凛的张守珪都会来到现场坐看用刑，他就是要让营州的胡人们畏惧，从此不敢造次。

本朝太宗皇帝曾曰："夷狄，禽兽也，畏威而不怀德。"张守珪深以为然。胡人寡廉鲜耻，不可以仁义教化，唯有让他们惧怕才能为己所用。

自从武周末年营州之乱以来，这一带的胡人始终不太老实，尤其是契丹人和奚人三番五次降而又叛，让朝廷大为光火。契丹虽不算强，但也不可小觑，当初武则天倚重的名将王孝杰就因轻敌冒进而兵败身死，若不加以遏制将来只会愈发跋扈。

张守珪跟许多骨子里看不起胡人的大唐官员不一样，他年少从军后一直在和胡人打仗，知道这些所谓蛮夷并非只是好勇斗狠的莽夫，论行军打仗，绝不缺有脑子的家伙，他们并不比唐人笨。小觑敌人，就是给自己挖坑。要想治理好胡人，必须严明法纪，但前提是先让他们敬畏。胡人崇尚强者，畏威不畏德，只有让他们害怕，才能得到他们的尊敬。

张守珪看着眼前这个膀大腰圆的胖子，板起脸质问："偷羊的事你承不承认？"

上个月刚乱棍打死一个偷羊贼，没想到还有人敢在太岁头上动土，看来今天得来点狠的以杀鸡儆猴。张守珪只等胖子承认就立刻下令棒杀，不料那胖子高昂头颅目光炯炯地大声回道：

"为了一只羊棒杀壮士何其可惜，大人若有心平灭契丹和奚人，我安禄山可效犬马之劳。"

张守珪大感讶异，这个胡人胖子竟说了一口流利的大唐官话，甚至还能转点文辞，这在胡人中是相当少见的。他走上前上下打量，此人胖是胖了点，但身材魁梧长相憨厚，说不定真是个当兵的好苗子。

"你叫安禄山是吗？之前是做什么的？"

"禄山是互市牙郎，会六种蕃语，三种大唐话。我的力气非常大，骑马射箭都不差，大人饶我一条命，今后我就任您差遣，刀山火海您一句话。"

人才啊！张守珪心中暗叹。

自己今后要管理诸蕃，身边正需要精通蕃语的人才。为了一只羊而杀他，的确太可惜。可要是毫不惩罚就收为己用，怕是人心不服，坏了之前定下的规矩。

"本都督看你是个壮士，给你一个戴罪立功的机会，三天之内你若能抓一个契丹人回来，就免了你的刑罚，如若不然可别怪我无情。"

"安禄山谢将军开恩！"他跪在地上嘭嘭嘭地磕着头，心里已经在计划，去哪里抓人。

仅过了一天，安禄山独自一人就绑了三个契丹人回来复命。临行刑前，那三个契丹人还在嘶哑着喉咙疯狂咒骂："杂种安禄山！不得好死！"

他们仨跟安禄山有过交情，因此疏于防备被安禄山骗来做了俘虏。安禄山啃着烤好的羊腿看着他们行刑，对一切骂声置若罔闻。张守珪看在眼里，对这投名状甚是满意，更确信自己一念之仁下没有看错人。

之后，张守珪便任命安禄山为捉生将，专门负责抓捕骚扰边境的胡人散兵。

起初，张守珪当然不信任安禄山，但他不得不承认，这家伙于公于私都太好用了。很多话不需要讲，安禄山就能安排得妥当；任务交给安禄山，他总能给出超出张守珪预期的成果，再加上他勇悍的战斗力与优秀的战绩，很容易让上位者放心、加以重用。更何况，这胖子长了一张特别有迷惑性的脸，他肥肥的圆脸给人憨态可掬的错觉，不由得让人产生好感。当初偷羊被抓的若是长相阴鸷的史思明，恐怕张守珪就会直接处死，问也懒得问。

所以形象这东西，古今都很重要，关键时候真能救命。

自从有了安禄山，张守珪官运亨通，这让他忍不住相信这小子的确是个福将。

开元二十一年（733年），玄宗下令进调张守珪移镇幽州，迁任幽州长史，兼御史中丞、营州都督、卢龙节度副大使，不久又加河北采访处置使。张守珪俨然成了东北边境的土皇帝，手握生杀大权，震慑一方。

开元二十二年（734年），契丹首领屈剌遣使诈降，被张守珪看穿之后将计就计。张守珪利用契丹人内部的矛盾一举发兵讨伐契丹，在战斗中斩其王屈剌及其大臣可突干,并将首级送往东都洛阳,得到唐玄宗亲自作诗歌颂,并下令在幽州刻碑记功。

短短两年时间,随着张守珪声名日隆,在他麾下干得风生水起的安禄山也不断受到重用,擢升为偏将,并且成了张守珪的义子。

安禄山不仅很能干,而且很会来事儿。

比如张守珪曾无意之中说过安禄山过于肥胖不利打仗,这个胖子真的听了进去且玩命减肥,半年就瘦了一大圈。张守珪看在眼里很是受用。除此之外,安禄山主动孝敬义父的行为更是数不胜数,让向来严肃的张守珪时常露出笑容,对其愈加信赖重用,并教给这个义子不少行军打仗的门道。安禄山每有战功,赏赐必然分发部下,在军中的人缘也是与日俱增,逐渐成长为幽州上下都信任的将星。

张守珪只觉得为大唐发掘了一位猛将,自然是怎么也想不到,正是他亲手将一只发疯的羊,一步步养成了食肉啖血的狼,一个将来会埋葬大唐盛世的吞天饕餮。

若是张守珪活得足够长,知道了日后安禄山干的那些事,怕不是要将当初的自己活活抽死。

杨玉环与寿王李瑁

美是一种超越理性的天赋。

任何有眼睛的人都看得懂这种天赋。

固然人的品性各有不同,但对于美人,人们总会不由自主地改变态度。

杨玉环之美貌,就让所有见到她的人,都变得很礼貌。

年方十五岁,她已然美得出类拔萃。

美貌是最直白的一种价值,越想掩藏反而越令人向往。

即便她养在深闺人未识,也早在街头巷尾的窃窃私语中成了传言中国色天香的美人。这一传甚至传到皇宫之内的皇子公主耳中,以至于开元二十二年(734年)咸宜公主举办婚礼的时候,特意邀请了杨家这位及笄之年的养女参加,以满足这帮皇亲国戚的好奇心。

名不虚传,绝色佳人,顾盼生辉。

宾客们不吝溢美之词,令杨玉环好生羞赧。

婚礼结束后不久,杨玄璬就收到了寿王的婚书、聘财。他不敢置信,他一个名不见经传的河南府士曹参军,竟然能跟皇室成为亲家,真是天上掉馅饼的好事。

杨玄璬赶忙喊来杨玉环,好奇地询问:"你认识寿王吗?"

杨玉环稚气未脱,歪着头想了想:"之前受邀参加咸宜公主的婚礼,有个华贵的少年郎来问我名字家世,兴许就是那个时候吧。"

杨玄璬哈哈大笑:"好好好,窈窕淑女,君子好逑嘛。"

杨家祖上乃是关中望族——弘农杨氏,不过到了这一代早已家道中落,没人会把他们当回事。杨玉环十岁的时候父亲杨玄琰过世,家中女儿多,难以抚养,于是最小的玉环只得离开家乡蜀州前往三叔杨玄璬家,过起了寄人篱下的生活。

好在叔父厚道,视如己出,吃喝用度且不用说,琴棋书画的培养都没落下。

开元二十三年(735年)年底,十六岁的杨玉环嫁给了年龄相仿、俊秀如玉的寿王李瑁,唐玄宗亲自下诏册立她为寿王妃,寿王的父母都对这个儿媳妇很是满意。这对郎才女貌、风华正茂的少年夫妻婚后十分恩爱,小日子其乐融融,甜蜜自在。

此时的寿王什么都有了,母妃得宠,父皇青睐,满朝文武都认为他会是接下来的太子。

权势、青春、爱情,他不禁误以为,自己正是老天爷厚爱的天

命之子。

然而一双阴暗苍老的龙目正窥伺着美丽的少女，陷入欲望的深渊不能自拔。

日渐老去的帝王，在杨玉环身上嗅到了原始生命力的芳香，他一次次压抑着内心不堪的渴望，直到自己最宠爱的妃子骤然离世。

大婚三年后，寿王李瑁的母亲武惠妃病逝，李瑁还在为母亲之死难过不已，高力士的到来更令他的悲伤雪上加霜。尽管高力士说得很委婉，可他还是不敢相信自己的耳朵。

他的父皇，想要他的妻子。

多么荒谬的想法！更荒谬的是，这不只是心思，更是命令！

他是皇帝，天下的主人，他想要什么，就必须有什么，没有人可以推辞。哪怕他要儿子们去死，也可以在一天之内将三个皇子赶尽杀绝。

李瑁早有所察觉，只是从不愿细想，宁可一切都是自己的错觉，还能维持父慈子孝的场面。直到高力士循循善诱地劝他让杨玉环出家，他才知道自己终究躲不过去。

不久后，唐玄宗亲自下诏，宣称寿王妃杨玉环为了给窦太后（唐玄宗生母）祈福，心甘情愿放弃寿王妃的身份，请愿出家为女道士。

杨玉环知道，她一生都将身不由己，成为谁的女儿，嫁给谁做妻子，没有一件事是她自己能做主的。她自己愿不愿意，改变不了任何事。

弱者拥有的美貌，犹如小孩手捧着黄金走在闹市，只会招来贪婪的目光。

流浪者·高适

就在安禄山偷羊被抓因而改变命运那一年，一位名叫高适的流浪汉也正前往营州，渴望早日建功立业。在营州的日子里，高适写了一首脍炙人口的《营州歌》：

营州少年厌原野，狐裘蒙茸猎城下。
虏酒千钟不醉人，胡儿十岁能骑马。

这地方跟中原风景大不相同，天苍苍野茫茫，风吹草低见牛羊。一到冬天，严寒至极。高适在瑟瑟发抖中捡起树枝生火，裹紧身上的破棉衣，熟练地煮起了野菜。虽有诗人之名，高适却落魄到了兜比脸还干净的地步，而立之年的他衣服上都是补丁，夜晚住破庙桥洞，时常饿肚子。

说起来，他祖上其实也阔过，祖父高侃是唐高宗时期的名将，曾经生擒突厥可汗，参与平定高句丽，立下赫赫战功，死后获赠为左武卫大将军。他父亲高崇文官至韶州（今广东省韶关市）长史，可惜英年早逝。轮到高适这里就彻底家道中落了。二十岁时高适前往长安想参加科举考试，可最终因为盘缠不够而放弃。此后在宋州找了块地自耕自种，艰苦读书，每日自勉，丝毫不懈怠。

落魄多年，高适的意志却从未消沉。兴许是战士的血从不轻易言败，他坚信自己终有光宗耀祖的一天。

这一等，又是八年。

种地的日子枯燥乏味，科举之路又希望寥寥，经过一番深思熟虑，他下定决心前往东北边关寻找改变命运的可能。

开元十九年（731年）秋天，高适带着为数不多的家产从宋州出发，

北游燕赵之地，目标幽州。

开元二十年（732 年），高适来到幽州，听闻信安王平定奚、契丹的叛乱，高适以极大的热情赞美了信安王的东征，写下一首壮志炽烈的《信安王幕府诗》，希望能加入信安王的麾下。可惜的是他并没有得到进入信安王幕府的机会，反而在友人推荐下，暂时在幽州节度使张守珪的幕府里做幕僚，同时开启了他边塞诗人的生涯，代表作《蓟门五首》和《燕歌行》等就是在这个时期创作的。

"听说阁下是诗人？"

这天一个胖乎乎的胡人捉生将跟他搭话。高适不置可否没有理睬，一个粗鲁的胡人懂什么诗，怕不是故意找碴。

"我也喜欢写诗，想请阁下帮我指点一二。"胖胡人的语气很是恭敬谦虚，这让高适颇为受用。

拿过此人的诗作，高适差点笑出声。虽然这厮的大唐话说得还凑合，可他写的诗简直就是开玩笑。高适随意指点了一下，就让胖胡人连连赞叹。

"我要是想了解中原文化，请问该看什么书呢？"

"《诗经》《论语》吧，我们唐人读书，也都要看这些的。"

"多谢阁下,这是一点礼物,还请别嫌弃。"他双手奉上一个皮囊,是新酿的马奶酒,以示感谢。

高适微笑着收下了礼物,语气温和不少:"你叫什么名字?"

"我叫安禄山。"

开元二十一年(733年),在边关蹉跎了两年岁月的高适依然混不出名堂,完全看不到希望,又厌恶张守珪军中"美人帐下犹歌舞"的氛围,他开始想念宋州的父老乡亲,决定打道回府。

无人在意他的去留,他只是个无足轻重的小人物。望着天地苍莽,高适不禁感到怅惘又颓然,天地广阔,何处是我的容身之所?难道我这一生,就注定成为丧家之犬吗?

这一年的安禄山,已因军功加封员外左骑卫将军,充衙前讨击使,成了张守珪身前的大红人。

许多年后,当高适再次听闻安禄山这个名字,那个有过一面之缘、恭谨憨直的胖胡人,业已成了天下人咬牙切齿的噩梦。而高适的命运,也将因为那个人而完全逆转。

开元最后的贤相·张九龄

张九龄盯着眼前的蕃将上下打量许久,看得安禄山浑身不自在。

开元二十一年(733年),张九龄升任中书侍郎同中书门下平章事(宰相),主理朝政。幽州节度使张守珪有奏上书朝廷,让偏将安禄山前往长安代为禀报。张守珪本意是让安禄山去京城见见世面,顺带结交朝中权贵,能留个好印象,为将来的仕途铺路。然而当朝宰相张九龄对安禄山的第一印象就很不好。

张九龄学过相术,有一套识人的方式。他观察着安禄山,越看心里越犯嘀咕,这个胡人看似圆头圆脑颇有福相,然而细看之下可见眉毛粗厚腮骨横长,耳郭外翻且耳后见腮,眼神深处有深藏不露的狡黠,正合相术中所说的反骨之相。这种面相的人平时见人说人话,见鬼说鬼话,和谁都相处融洽,然而一旦涉及自身安危利益,就毫无忠义良善可言,会在转眼之间翻脸不认人,恩将仇报。

"安将军,听说你是张节帅的义子,可有此事?"

"正是,节帅待我恩重如山,如我再生父母。"

"说说你有何过人之处,令张节帅如此看重你啊?"

安禄山不由得浮现几分得意神色，讲述自己最初为捉生将时，只带领三个人就可以擒杀四十个契丹人，此后屡建奇功，为幽州节度使张守珪大破可突干带领的契丹军，立下汗马功劳。

"难怪张节帅派你来京城，确实是可造之才。"
"谢张相公谬赞。"

张九龄有一种不祥的预感。此人跟他之前见过的胡人将领都不一样，浑身散发着一股不显山不露水的圆滑讨巧，他心思缜密对答如流，态度又恭敬有礼无可挑剔。等张守珪离开幽州，此胡人说不定会取而代之，到那时候……

当天另一位宰相裴光庭问张九龄："你觉得安禄山这人怎么样？"
张九龄摇摇头："将来乱幽州者，必此胡也。"
裴光庭笑了："不会吧？他也配？"

三年后（736年），安禄山已升任平卢将军，因在与契丹作战中轻敌冒进造成战败，被张守珪派人押送入京接受皇帝惩罚。张九龄一看机会难得，坚持要求处死安禄山：

"安禄山违反军纪擅自出击，造成军队损失，于法于理都当诛。另外，臣早看出安禄山的相貌乃是天生反骨，今日不杀必成后患，望陛下明鉴。"

唐玄宗皱眉，对张九龄的小题大做感到不快。张守珪这些年在幽州干得很不错，自己多次想要提拔他入朝为相，都被张九龄反对；唐玄宗要让河西节度使牛仙客入朝为相，张九龄也是死活不同意——这帮进士出身的文官对于边将似乎有种天然的敌意。再者，唐玄宗对安禄山的印象很好，因为此人让他想起了一位亲切的故人。

"面相这种理由，纯属无稽之谈，安禄山罪不至死，张卿莫再多言。"

唐玄宗不顾张九龄言辞激烈，最终饶恕了安禄山的战败之罪，让他戴罪立功重新回到了军营。

二十多年后，因安史之乱威严扫地，被儿子唐肃宗软禁在兴庆宫的太上皇李隆基一次次回想起张九龄的先见之明，不禁涕泗横流。且不仅是安禄山，张九龄提的许多建议，竟都如同预言一般。作为开元最后的贤相，张九龄名副其实。

为官二十年，张九龄始终秉公尽责，直言直语，从不依附权贵，谄媚皇帝。他始终认为，让百姓吃饱穿暖才是为官正道。他鼓励农桑，引水种稻；开凿大庾岭，修通梅关古道；在朝廷，他不断上书劝谏，让唐玄宗谨记古今兴亡之道，切莫志得意满，贪图享乐。他虽和姚崇不和，却也始终认同姚崇、宋璟两位前辈的理念。所谓社稷，无他，仓廪实而知礼节而已。

其实这些贤相做的事都一脉相承，那就是"民为重，社稷次之，君为轻"。天下是天下人的天下，而非为满足皇帝一己私欲的工具。

如今稻米流脂粟米白，公私仓廪俱丰实，古今罕见的盛世气象，正是因为皇帝用人得当，群臣尽忠职守。在这一片海晏河清、国泰民安的氛围下，离皇帝咫尺之遥的张九龄，却看到了潜藏的危机。当李林甫、宇文融这样公认的小人得势，张九龄一眼就看穿了问题的本质：皇帝的心态变了。

开元之前，皇室接连政变，从武则天到韦后、安乐公主再到太平公主阴盛阳衰，连皇帝都朝不保夕没有安全感可言，遑论官员和民间。唐玄宗登基后，以如履薄冰的心态在努力当个好皇帝，他与兄弟姐妹相亲相爱，处于有唐以来难得的皇室关系和谐的状态，又对姚崇、宋璟为首的朝廷官员信任放权，这又让官员们有了安全感。官员们对民间经济活动予以鼓励，让百姓有了余粮，全天下都有了安全感。

安全感对于社会体系的高效运转非常重要，人人都只要做好自己的事，又逢风调雨顺，就缔造出了开元盛世。

二十年的休养生息，达到如今的成就，这让唐玄宗无法不产生一种强烈自信：我是天纵奇才的千古一帝！

好大喜功的念头一旦出现，就会在各个地方不经意地流露出来。轰轰烈烈的泰山封禅，越来越奢华的排场与宴会，对边境的频繁用兵，日渐庞大的官僚和宫人，光是十王宅和百孙院每天的支出就是天文数字，花钱的地方越来越多，每年的财政收入逐渐抵不过支出，一旦入不敷出，皇帝也陷入了缺钱的不安中。皇帝一缺钱，就会想各种办法从民间剥削。那么这个时候，以宇文融和李林甫为代表的聚敛之臣，就是皇帝最好的选择。

宇文融和李林甫师徒的人品固然卑劣，却也不可否认他们都是有手段的能臣。宇文融检田括户，为朝廷一年增加了数百万缗钱[1]的财政收入；李林甫主持颁布《长行旨》，大大简化了计账编报手续，减少了计账编报中人、财、物的消耗。

1　缗钱，指用绳穿连成串的钱。

朝廷官员们都从宇文融身上学到了升官发财的捷径，那就是为皇帝敛财。他们聚敛来的大部分钱都绕过国库，进入了皇帝的私库。唐玄宗将一部分用于战争的开支，大部分用在了私人的赏赐与享乐上。

反对宇文融和李林甫的大臣，大多遭受了贬谪，朝中风气不再如开元初般开拓进取，如韦坚、杨慎矜、王鉷之流纷纷崭露头角，通过各种搜刮手段让皇帝龙颜大悦，仕途畅达。

宇文融性精敏，应对辩给，以治财赋得幸于上，始广置诸使，竞为聚敛，由是百官浸失其职而上心益侈，开利孔自宇文融始。百姓皆怨苦之。

——《资治通鉴·唐纪二十九》

张九龄的恩师张说曾经坚决站在宇文融等的对立面，反对一系列让民间疲敝的敛财政策。张说的人品绝对跟高尚不沾边，但他至少还顾及些脸面，认为君子爱财取之有道。

张说写《钱本草》一文，说钱的味道甘甜却有毒，既能有利国家，也能污染贤达。如果天下之人的钱财均平则为太平盛世，如果贫富悬殊，就如冷热相激，产生祸乱。

钱，味甘，大热，有毒。偏能驻颜，彩泽流润。善疗饥寒解困厄之患，立验。能利邦国，污贤达，畏清廉。贪婪者服之，以均平为良；如不均平，则冷热相激，令人霍乱。

——张说《钱本草》

说白了，所谓聚敛，就是与民夺利，无论这些能臣的手段看起来多么高明，本质都是掠夺百姓生产的财富，用于皇室与官僚阶层的享乐。幸而天下无事，适当的掠夺还在百姓们能承受的范围内，然而制度性的掠夺一旦开了口，终将为大唐盛世挖出一个又一个人心的窟窿。

百乘之家不畜聚敛之臣；与其有聚敛之臣，宁有盗臣。此谓国不以利为利，以义为利也。长国家而务财用者，必自小人矣。彼为善之，小人之使为国家，灾害并至。虽有善者，亦无如之何矣！此谓国不以利为利，以义为利也。

——《大学》

张说被宇文融和李林甫诬告入狱之后，张九龄也一度受到牵连。后来宇文融得罪信安王李祎被贬，朝中告状信纷至沓来，让唐玄宗不敢再重用他。然而唐玄宗依然非常想念宇文融，时常对宰相们抱怨，没有宇文融，国用不足，你们自恃清高，可有谁真的能帮我解决问题呢？

李林甫站了出来，拍着胸脯表示："陛下，臣能为你解忧。"

随着口蜜腹剑的李林甫在朝中逐渐站稳脚跟，张九龄的相位开始岌岌可危。

开元二十五年（737年）夏季，四月辛酉（十七日），监察御史周子谅弹劾牛仙客非宰相之才，并引谶书中的谶语为证。玄宗大怒，命令左右的人在朝堂杖责周子谅，周子谅被打晕了又苏醒过来，然后又遭毒打，并流放瀼州。周子谅走到蓝田就死了。李林甫对皇帝说："周子谅是张九龄推荐的人。"皇帝大怒，差点动了杀张九龄的心。

甲子（二十日），张九龄被贬为荆州长史。

张九龄的同僚都厌恶他，却无一人不佩服他。他是当朝最后一个文人宰相，也是最后一个敢冒犯皇帝直言相劝的大臣。

自此李林甫独揽朝政，开始长达十九年的权相生涯。

被贬之后，张九龄写下《感遇十二首》，以表心志。

　　　　　感遇·其一
　　　兰叶春葳蕤，桂华秋皎洁。
　　　欣欣此生意，自尔为佳节。
　　　谁知林栖者，闻风坐相悦。
　　　草木有本心，何求美人折。

千百年后，清人蘅塘退士孙洙编纂《唐诗三百首》，将《感遇·其一》列为第一首。

张九龄还有一首脍炙人口的名诗，每逢佳节都会被华夏子孙想起。

　　　　　望月怀远
　　　海上生明月，天涯共此时。
　　　情人怨遥夜，竟夕起相思。
　　　灭烛怜光满，披衣觉露滋。
　　　不堪盈手赠，还寝梦佳期。

开元二十八年（740年）春，张九龄在韶州曲江因病去世。

两年后（742年），唐玄宗改年号为天宝，一个繁荣的时代正在走向终结。

李隆基

　　李隆基的童年，彻底结束在九岁那年的正月初二。

　　在那之前他尚可以无忧无虑，那日过后便只剩深入骨髓的不安。

　　那一天，他的母亲窦德妃和皇嗣妃刘氏一同进宫给婆婆、女皇武则天拜年，之后毫无缘由在宫中失踪，自此人间蒸发。

　　说是失踪，其实所有人心知肚明，窦德妃大抵是死透了。至于其中缘由，当时也没人敢去深究。即便只是武则天大过年想杀儿媳过个瘾，也不容置喙。皇权是个寄生虫，无论男女老少一旦成为权力意志的宿主，除了自己以外的其他人都将逐渐变成面目模糊的人偶。

　　此等噩耗传来，身为儿子、丈夫与父亲的李旦，什么也不敢问，什么也不敢说，只能严禁府中人谈论此事，当作什么都没发生过，一切照旧。李隆基才九岁，再怎么早熟也还是个孩子，夜里睡不着哭着喊娘亲，李旦苦心劝慰："阿瞒（李隆基小名）不准哭，万一你奶奶知道了召见你怎么办？！"这一吓让他顿时噎住了哭声。这个奶奶，简直比鬼故事中的妖怪还可怕。小李隆基隐隐猜到，娘被奶奶杀害了。至于为什么，他想不明白。

他甚至怀疑是自己之前年幼无知，在朝堂上言语冲撞武懿宗（武则天的堂侄子），说出"我家的朝堂，干你什么事"这种话惹奶奶不高兴，才会牵连到母亲。

那段日子里，阿瞒小朋友时常将自己关在房中，躲在黑暗处发抖，如同小兽独自舔舐丧母之痛。

饶是百般谨慎，皇嗣李旦一家的境况却并不乐观。李旦作为目前最能威胁到武则天地位的隐患，有任何风吹草动都可能引发女皇帝的杀心。人都说虎毒不食子，但在武则天这里完全不成立。就在正月过后不久，有朝廷官员私自拜谒皇嗣李旦，竟被武则天以谋反的罪名腰斩于市。在武则天的授意下，左台御史中丞来俊臣嚣张地来到李旦府上，公然表示要抓捕李旦的亲信回去问话，图穷匕见地要求他们拿出主子谋反的证据，否则大刑伺候。

幸而李旦从小做人便厚道，甚得下人敬爱。即便面临严刑逼供，家仆们都沉默不语，尤其是一个叫安金藏的乐工，大呼皇嗣冤枉，如果你们不信，我可以挖出我的心来证明！说完猛地拔出旁人佩刀，愤然剖胸挖心，鲜血迸射。饶是见惯了残忍场面的来俊臣，一下也慌了神。安金藏此等骇人义举传到了武则天耳朵里，让残忍又感性的她感慨，世间竟有如此忠义家仆，于是大慈大悲地放了小儿子一条生路。

话说安金藏竟命大没死,武则天派御医急救,将他的伤口缝合后治疗了一段时间。武则天还亲自来探望他并给予了高度评价,责怪来俊臣等人冤枉忠良,严令任何人从此不得再追究此事。可以说安金藏对李旦一家子都有救命之恩,他也从此深受李旦和李隆基两任皇帝的信任厚待,最后被封为代国公,死后追赠兵部尚书。

景云元年(710年)六月,唐睿宗复位,追谥太子李隆基的生母德妃窦氏为昭成皇后,并以招魂的形式葬于东都城南,又在京师立庙,号为仪坤庙。此时的李隆基已经想不起母亲的长相,只记得那是一个极其温柔、极其美丽的女子。

安金藏大难不死,在最艰难的日子里一直陪伴着李隆基一家,他就像定海神针一般带给李隆基安全感。李隆基一生都喜好胡人风俗,喜穿胡服,精研胡人歌舞音乐,这些都离不开安金藏的影响。

信得过的人,哪怕是异族胡人也能舍生取义,忠心耿耿。
失去了信任,亲生母子也会离心离德,猜疑加害。
信任,没有什么比这两个字更能给他安全感。
成长过程中,他一直注意观察总结,到底什么样的人才真正值得信任。开元年间朝廷名相辈出，正是李隆基识人、用人之术的体现。

当李隆基第一次见到安禄山时，一股久违的亲切感扑面而来。张九龄说安禄山面相不好，而在李隆基看来，这恰恰是最好的面相。安禄山虽是杂胡，却有着粟特人典型的长相特征：深色皮肤、魁梧身材、高挺鼻梁、厚实嘴唇和大胡子，跟儿时记忆中的安金藏如出一辙。

后世人们搞不明白，李隆基识人如此精明，为何会对安禄山格外偏爱，甚至安禄山造反后都不愿相信。其实在见到安禄山的第一面，安禄山已经成了安金藏的化身。信任这东西，一旦扎根在心底，就会超越理性。

开元二十三年（735年），唐玄宗五十岁，这关键的一年，他的心态出现明显转变。

他的父亲睿宗李旦以及爷爷高宗李治都享年五十五岁，而曾祖父太宗李世民于五十二岁驾崩，他有理由怀疑，自己在人世间的时间可能已在倒计时。他开始恐惧死亡，时常邀请一些道士来为自己炼金丹。

勤勉治国带来的盛世景象，让李隆基从小没有安全感的内心得到了满足，承平日久，难免生怠倦之心，以为天下无复可忧。世上已经没有任何人可以威胁到他的权力与生命，克制了大半辈子，是时候享受享受了。他要来一场与民同乐的盛宴，共享这盛世气象。

洛阳紫微城的正南门叫应天门，武周时期叫则天门，到了开元年间改名五凤楼。武周的开国大典就在此举行，此后历代皇帝多在此颁布诏令、宣布大赦、举行大酺、接见使节、接受献俘等，可谓洛阳最气派的宫门。

李隆基将在此摆下盛宴，让三百里之内的刺史、县令，都要带领当地的乐舞伎人，集合到五凤楼之下汇报表演[1]，这场大联欢的盛大表演持续五日之久，聚集的百姓人山人海，不得不出动金吾卫控制人流量。

自此之后，唐玄宗爱上了大摆宴会，三不五时就要来一场，演出内容不仅仅局限于唱歌跳舞演奏乐器，还包括诸如山车旱船、寻

---

1 《新唐书·元德秀传》记载："玄宗在东都，酺五凤楼下，命三百里县令、刺史各以声乐集。是时颇言且第胜负，加赏黜。河内太守輂优伎数百，被锦绣，或作犀象，瑰谲光丽。"

橦走索、丸剑角抵、戏马斗鸡等百戏，还有大象、犀牛等动物表演，简直就是大型嘉年华游乐园（注：唐文宗时郑处海的史料笔记《明皇杂录》记载：唐玄宗"每赐宴设酺会，则上御勤政楼。金吾及四军兵士未明陈仗，盛列旗帜，皆被黄金甲，衣短后绣袍。太常陈乐，卫尉张幕后，诸蕃酋长就食。府县教坊，大陈山车旱船，寻橦走索，丸剑角抵，戏马斗鸡。又令宫女数百，饰以珠翠，衣以锦绣，自帷中出，击雷鼓为《破阵乐》《太平乐》《上元乐》。又引大象、犀牛入场，或拜舞，动中音律"）。上行下效，皇亲贵族等家里也开始流行歌舞晚会，夜夜笙歌，汲取天下民脂民膏醉生梦死，好不快活。他们是快活，那些土地被兼并的流民，却有不少饿死冻死在达官显贵们兴许一辈子都不会路过的僻远之地。

话说五凤楼大酺期间出现一个不和谐的声音。有一位名叫元德秀的鲁山县令只带了几十名演员，相比其他人动辄几百人的团队来说相形见绌，而且鲁山县表演团的节目只有一首歌，一首元德秀自己创作的，名为《于芳于》的歌，唱的是这繁华盛世下，河内府的百姓生活却相当艰难。两京是两京，天下是天下，两京象征着大唐盛世，而天下依然有贫富贵贱，在帝王看不见的地方，百姓艰辛度日。

唐玄宗听到后，多少有点扫兴，继而对身边的宰相感慨："河内府的百姓生活真那么难吗？"这一年李林甫刚成为宰相，立刻接上话茬："贫富贵贱自古有之，地处僻壤圣恩难泽，此事古难全，非臣等不察。"张九龄在一旁听到冷笑，直言河内太守弄虚作假，从未反映治下百姓疾苦，该严查问罪。史载，此后不久唐玄宗罢免了河内太守，褒奖了元德秀。

事情是过去了，但李隆基心里还是不舒服，就如同软糯的米饭吃得正香，忽然嚼到一粒砂。他自然知道怎么做个好皇帝，只是一直做好皇帝这件事本身，逐渐让他疲惫厌倦。如韩休、张九龄这样的直谏之臣，哪怕话说得再有道理，扫兴终归是扫兴。

当初韩休为相，经常让唐玄宗憋一肚子火不好发作，瘦了许多。高力士问他："韩休为相，陛下瘦了许多，为什么不赶走他呢？"唐玄宗哈哈一笑："朕虽然瘦了，可天下人肥了。顺着朕心意的只是朕的臣子，据理力争的那些才是大唐天下的臣子，朕用韩休是为天下，不是为自己。"明鉴如他，何尝不知李林甫是个小人，私底下被人称作"笑面虎"？可这样既有能力又懂皇帝心意的人做宰相，自己确实轻松不少。

张九龄、李林甫同时为相，两人性格大相径庭，彼此看不顺眼。张九龄事无巨细总会跟皇帝据理力争，而李林甫非常擅长揣摩圣意，且说话圆滑非常中听，这让唐玄宗愈发满意，心中的天平逐渐倾向李林甫。后来，周子谅一事让玄宗彻底爆发，罢免了张九龄的宰相之位。

玄宗即皇帝位以来，所任用的宰相各有所长，但无一不是治世良臣，姚崇善于协调各方面的关系，宋璟执法严厉，张嘉贞重视吏治，张说文治武功都是一绝，李元纮与杜暹能够节俭治国，韩休与张九龄秉公直言，这些人都是开元盛世的大功臣。可自从张九龄被罢相后，朝廷中的百官也都敏锐地嗅到风向变了，大唐皇帝不再想听到违背他的声音，从此群臣都明哲保身，没有人再敢于直言。

开元二十五年（737年）还有另一件大事，就是唐玄宗一日杀三子。

唐玄宗最宠爱的妃子武惠妃为了让自己的儿子寿王李瑁能当太子，设了一个局诬陷太子李瑛。唐玄宗相信了武惠妃的话，认为太子李瑛、鄂王李瑶、光王李琚三兄弟有谋反的嫌疑，大怒之下将三个儿子废为庶人，随后赐死。

三人死后，武惠妃经常疑神疑鬼，认为是鬼魂索命，因而大病一场，最终也一命呜呼。

唐玄宗悲伤了一阵，在见到寿王的爱妃、自己的儿媳妇杨玉环那一刻又振作了起来。此前唐玄宗自然是见过杨玉环的，只是那个时候杨玉环还小，还有几分稚气，如今时隔几年再见，发现其真乃国色天香。李隆基虽是一代明君，却向来好色，尽管后宫佳丽众多，每年还是派出宫中的花鸟使去寻找民间美女。如今见到回眸一笑百媚生的杨玉环，非但资质丰艳，还精通歌舞音律，十分明媚聪慧，玄宗顿时觉得自己的六宫粉黛都不过是庸脂俗粉罢了。

经过心腹高力士的操作，唐玄宗成功让杨玉环先出家当道姑，随后偷偷纳入后宫常伴左右。自此"春宵苦短日高起，从此君王不早朝"。天宝四载（745年），唐玄宗正式册封杨玉环为贵妃，此时后宫没有皇后之位，杨贵妃就是事实上的皇后。

唐玄宗对杨玉环极为宠爱，杨玉环日常的一盘菜，都要抵得上十个中等家庭的总资产；杨玉环喜欢吃荔枝，玄宗便专门派人骑马昼夜不停，从岭南运送新鲜荔枝到京城；玄宗心情好的时候动不动就是赏赐杨家百万钱，只贵妃三个姐姐的脂粉费，每人每月就有十万钱；专门为杨玉环一个人设计衣服的工匠就有七百人，制作杨贵妃专属器物的工匠又有数百个，实属三千宠爱集一身。

天宝年间的唐玄宗，每天最重要的事就是玩乐，然后将朝中政务统统都抛给了李林甫处理。有人可能会问，既然唐玄宗都懒得当皇帝了，何不传位于太子，自己当个太上皇享乐？那是因为只有坐在皇帝的宝座上，他才能如此随心所欲，一旦退了位，就是唐高祖李渊的境遇。拥有过至高权力的人，没有人会不上瘾，要主动戒断，难如登天。

遥想开元初，唐玄宗可最厌憎奢靡之风，并且以身作则节俭朴素，禁止后宫女子穿金戴银，并说："百姓租赋，非我所有，战士出死力，赏不过束帛；女子何功，而享多户邪？且欲使之知俭啬耳。"[1] 以前是以前，现在是现在，如今的他，只想痛快度过余生。如果这个时候死了，虽有瑕疵但也瑕不掩瑜，不失为千古明君。

只是老天爷跟他开了个玩笑，让他活得很长。

过勤政楼
〔唐〕杜牧

千秋佳节名空在，承露丝囊世已无。
唯有紫苔偏称意，年年因雨上金铺。

1　出自《资治通鉴·唐纪三十》

李林甫

天宝初年（742年），李林甫老做一个相似的噩梦。

梦中有个高大的男子，其面庞笼罩在阴影中，将他逼到一个狭窄的空间意图杀害。每当从梦中惊醒一次，他的杀意便浓一分。他相当肯定，梦中这个男子就是如今的户部尚书兼御史大夫——裴宽。

裴宽为人正直宽厚，朝野名声甚好，年纪大了（近七十岁）从范阳节度使任上调到朝廷为官，就想着早点退休养老，根本没有和李林甫争夺相位的心思。但是李林甫不管，只要有人威胁到他的地位，他就食肉无味、卧榻难眠。

这世上的君子总以为无害人之心和争夺之心，别人就不会害自己。殊不知，小人陷害他人，往往是不需要理由的。裴宽跟李林甫无冤无仇，两个人表面和和气气。但毕竟李林甫害的人多了，总觉得别人都会害他，不如先下手为强。在陷害人这件事上，李林甫已臻化境，这一次他又成功地让老皇帝相信了谗言，将裴宽贬为安陆别驾。他还是不放心，决定送佛送到西，派出心腹罗希奭南下刺杀裴宽。万万没想到罗希奭竟被裴宽的人格魅力所折服，不忍心下手。此后，裴宽对朝廷彻底失望，上表请奏皇帝，决意出家为僧，但皇帝没有答应。

李林甫独揽朝政十九年,类似裴宽这样的案例实在数不胜数,若要罗列出他的仇家,说不定可以站满朱雀大街。光是一句"野无遗贤",就得罪了包括杜甫在内多少对科举绝望的士子。

对此李林甫心里也有数,平生净做亏心事,半夜最怕鬼敲门。他居住的地方道路蜿蜒曲折,布满重重障碍,每晚睡觉都很神秘,不让人知道自己睡在哪里,甚至一晚上得换好几个地方睡。每次出门随行的护卫都有百余人之多,还要派金吾卫先探路清理,让百姓大臣都避让。他这么做还真不是为了排场,是真的怕被人刺杀。

李林甫的儿子李岫见到父亲年过七旬还在作恶害人,总有一种自己全家阴德都被父亲透支尽的恐慌。一次父子两人游园散步,看到拉车劳役的人经过,李岫顿时百感交集,涕泪横流,看得李林甫一头雾水。

"你哭什么啊?"

李岫扑通一下跪倒在地,流着泪说出心里话:"父亲大人,您做了这么多年宰相,害了多少人您自己记得清吗?我一想到我们家的前程,心里就难受。我好害怕将来有一天您不在了,做儿子的即便想做个拉车的苦役都是奢求。"

李林甫垮下脸来，内心极为不悦："这什么话？！没有我在朝堂做事哪有你现在的好日子？再说形势已然如此，又能怎么办？"

口蜜腹剑，肉腰刀，笑面虎，世人背后怎么说他，李林甫都清楚得很。自己的仕途就像走在悬崖边的独木桥上，一个不慎就会使全家老小掉落深渊。但事到如今，他已经没得选了，只能一条道走到黑。他唯一的依靠，只有皇帝。对于皇帝来说，他是最好的挡箭牌，也是最顺手的夜壶，无论什么脏差事、破差事，只要往李林甫身上一丢，皇帝只是被蒙蔽的圣人，而他是人人厌憎咒骂的奸佞小人。得罪人的事，君子不想干，庸人干不了，只有他这样名声够差但能力极强的小人才能做。这就是他对于皇帝的最大使用价值。李林甫之前，唐玄宗所任用的宰相任期都不会超过四年，而只有李林甫独掌大权十九年，直至生命终结，可这都只是表象，老皇帝暗中对朝政的掌控从未真正放下过。

说他是小人、佞臣，李林甫都不会辩驳；但说他是奸臣，他必然觉得冤。在他心目中，他所做的很多工作，都是为了巩固大唐的稳定，让老迈的唐玄宗高枕无忧。

想当初豪情壮志，他何尝不想做一个受人敬仰的好官？

李林甫早年担任国子司业，对国子监进行了一系列大刀阔斧的改革，让国子监上下面目一新，深受监生们的敬佩，甚至还为他立了一块碑。然而李林甫得知此事却勃然大怒："我李林甫有什么功劳，何必为我立碑！"最终让学生们磨平石碑，扔至荒野。

　　在具体职责上，李林甫一直是一个富有实干精神的能臣。

　　《旧唐书·李林甫传》载："林甫性沉密，城府深阻，未尝以爱憎见于容色。"只要不威胁到他的地位，他看起来便相当和善、公正，在中低层官员中的威望极高。

　　即便是李林甫后来的诸多政敌，攻击他的理由也几乎集中在德行之上，少有人质疑他的执政能力。《旧唐书·李林甫传》记载道："每事过慎，条理众务，增修纲纪。中外迁除，皆有恒度。"

　　在李林甫之前，朝廷每年要印很多法令条文，交给地方去执行，光纸钱就需要五十多万，无异于行政浪费。李林甫注意到这一点，亲自到基层走访调查，搞出一套"长行旨"，就是朝廷的法令基本保持不变的情况下，每年只印刷变动的部分。这样不但解决了纸张浪费的问题，还提高了各地基层单位行政的持续稳定性，广受官吏好评。同时简化租庸调制复杂烦琐的税收程序，制定了行政标准流程，稳定了中央财政系统。

　　另外，李林甫对刑法律令非常熟悉，可谓法家的代言人，他主编了大唐律法《开元新格》《唐六典》《格式律令事类》等，尤其《唐六典》是唐代最后一次系统地重编全部法典,对后世影响深远,直到北宋都还在沿用这套律法系统。他曾经以身作则,严格遵守律法,不徇私舞弊。《旧唐书·姚崇传》记载,姚崇为相时"纵其子光禄少卿彝、宗正少卿异广引宾客,受纳馈遗",而李林甫却"动循格令,衣寇士子,非常调无仕进之门"。就是说,姚崇作为一名"贤臣",他却允许自己的两个儿子——光禄少卿姚彝和宗正少卿姚异广引宾客,收受他们的馈赠和赠送的礼物。而李林甫作为一名"奸臣",他严格执行规章制度,阻止权贵的子嗣得到不应有的官位和获得非正常提拔,他自己的儿子们也都活得很谨慎小心。两相比较,确实颇有些讽刺意味。

李林甫执政时期刑法宽和,少用重法,对老百姓很友好。有一年刑部断狱,天下死罪唯有五十八人。不是大奸大恶之人,一般都不会处以死刑。唐玄宗对此甚是满意,认为施民以仁政,因此封赏李林甫为晋国公。

李林甫师承宇文融,在开源节流和行政改革方面可谓集大成者,他推行一系列改革措施,包括财政节流、机构改革、赋税折纳、土贡改革、兵制改革、法制改革、选官与科举改革,明确了法典制度、吏治规范,这些都是值得肯定的地方。

就连韩休这样动不动顶撞皇帝的耿直宰相，都对青年李林甫赞赏有加。李林甫也在一片好评中逐渐积累起了政治资本进入宰相集团。对于政敌，他是无所不用其极的奸人，但对于底层官吏和百姓来说，李林甫何尝不是一位好官？

嘴巴可能骗人，但屁股不会。

看一个人是敌是友，到底想要什么，就必须看懂他的屁股坐在哪里。

李林甫非常清楚唐玄宗的软肋：没钱，但想花钱。

边关用兵军费开支，官僚系统的冗员，土地兼并带来的税收不足，加上从上到下奢侈之风的流行，皇帝的真正需求与老百姓已南辕北辙。之前沿用的府兵制、均田制和租庸调制等支持大唐经济的根基逐渐走向瓦解，而皇帝后宫的人数空前庞大，花费奢靡，朝廷的官员数量也是只增不减，俸禄支出日益巨大。最要命的还是军费，唐玄宗好大喜功征战不断，开元末仅是边防军十节度使属下就有兵额四十八万余人，打仗烧的都是钱粮，国库时常入不敷出。

在李林甫眼里，张九龄这些所谓直臣贤良，光会用圣贤经书的话说什么不与民争利之类、占据道德高地的废话，却解决不了国家真正的症结所在。政治是多方的博弈，上面的需求和下面一致自然是最好，但当上下的利益不一致时，必须有做出取舍的决心，而所谓取舍，永远都是取上、舍下。李林甫当然知道百姓苦，不过也只能苦一苦百姓了，他是朝廷的宰相，排在第一位的，始终还是为权力的来源负责。

在官场待久了，李林甫逐渐领悟到官场的真谛。

这就是个世间最大的赌场。赌上的是每个人的身家性命。一旦站错队，跟错人，误解皇帝的心思，就会满盘皆输。没有一个人真正感到安全，包括皇帝在内，不然他也不会一日之内连杀三子，还对太子李亨疑神疑鬼。参与赌局的赌徒都将逐渐丧失正常的道德情操、伦理纲常。

这些李林甫都在自己的官场引路人——宇文融的身上得到了深刻的教育。宇文融一手提拔李林甫上位，两人又联手将宰相张说拉下马。宇文融使检田括户、客户附籍和赋役改革在短时期内取得显著成效，使编户从八十万户增加到百万户，为全国户数的一成，税收也增加了一成，农业生产得到发展，扭转大唐财政危机。但他的下场呢？仅仅在相位百日即遭流放贬谪，最终忧愤交加，病死途中。

李林甫深刻认识到政治斗争这一事，要么不做，要做就必须做绝，不能给对手任何反扑的空间。由于一路通过构陷和污蔑他人升迁，他打心底里更怕被小人反将一军，但凡谏官向皇上进谏以前都要先告知他内容，御史进言须御史大夫同时署名。

只有小人最了解小人在想什么。

功是功，过是过，自古功过难相抵。

李林甫的嫉贤妒能，确实为日后安史之乱的爆发埋下了隐患。

李林甫为相，凡才望功业出己右及为上所厚者、势位将逼己者，必百计去之；尤忌文学之士，或阳与之善，啖以甘言而阴陷之。世谓李林甫"口有蜜，腹有剑"。

——《资治通鉴·唐纪三十一》

第一，李林甫一味清除异己，造成朝廷中枢后续人才断档，有威望有才德之人纷纷退隐或前往边镇。

第二，破坏了唐朝群相集议制度。唐朝的宰相其实是一群人，在三省六部制下，凡是尚书省、门下省、中书省的长官都是宰相，凡是官衔中带有平章事的，也算是宰相。太宗皇帝将宰相实质化为"同中书门下从三品"的头衔，可加授三省长官以外的官员，随后高宗皇帝又增次一级的"同中书门下平章事"，所以可以称为宰相的人其实数量不少，唐朝凡是有这两个实衔的人，都是入政事堂的实质宰相。

群相制度下，每个人都有分工，中书省负责决策，门下省负责审议，而尚书省负责执行，各司其职的同时又互相监督互相协作。这种宰相制度更加成熟，可以防止政策出现较大失误，效率更高。从贞观之治到开元盛世，这种群相集议制度的设计功不可没，朝廷不会因为一个宰相权力过大只手遮天而出现巨大政策性错误，同时也在一定程度上限制了皇权的为所欲为，另外也可以不断补充新鲜血液进入决策中枢，解决具体问题。

然而李林甫掌权的时候固然能力强悍，权谋政治玩得炉火纯青，但是一旦继任者能力不足，就无法压得住场，从而酝酿出更大的危机。

第三，重用蕃将。前两者的危害还算不明显的话，那这第三点可以说是直接造成安史之乱的罪魁祸首。唐朝一直都有出将入相的传统，开元年间张嘉贞、王晙、张说等文臣都是以边将入相。李林甫对这些又有文才又有实际工作政绩的人非常忌惮，为了巩固自己的相权，一直强力举荐蕃人为边将，以蕃制蕃。朝廷对边镇的重心转移，也造成了边兵日强，中央及内地兵日弱的外强中虚局势。高仙芝、哥舒翰等少数民族将领都成了开疆拓土的名将，但安禄山这样的野心家也在日益壮大，尾大不掉。

从这一点来看，后世很多人把安史之乱的锅扣给李林甫，虽有替唐玄宗背锅的成分在，但也不算太冤。

天宝七载（748年）后，李林甫的身体越来越差，儿孙辈也没有在朝中站稳脚跟的，眼看外戚杨国忠身兼多职恩宠日重，而自己构陷多次的太子李亨在高力士等的保护下，地位反而稳固，他几乎是以一种绝望的心态在完成宰相生涯最后的职责。至于他死之后，只能让儿孙自求多福了。

天宝十一载（752年），李林甫卧于病榻之上奄奄一息，待杨国忠前来拜谒时，他泪流满面地拉着杨国忠的手恳求，希望死后子孙能得到杨国忠的照顾。杨国忠也演得很入戏，表示右相为国尽忠辛苦了，自己一定会好好照顾您的家人。

不久，李林甫病逝，杨国忠拜相。

第二年年初，杨国忠就迫不及待地诬告李林甫谋反，唐玄宗命人劈开李林甫的棺木，剥下金紫朝服，将尸体扔到了简陋的小棺材中。随后又削去李林甫一切官爵，抄没家产，将其儿子们都流放到岭南以及黔中。

（李林甫）所以秉钧二十年，朝野侧目，惮其威权。及国忠诬构，天下以为冤。

——《旧唐书·李林甫传》

李林甫初次见到杨国忠的时候，心中诧异："此人跟裴宽身形样貌颇有几分相似。莫非我梦中的恶人不是裴宽，而是这竖子？"然而当时的杨国忠只是区区一个金吾胄曹参军，根本构不成威胁。

李林甫看着杨国忠谄媚讨好的笑容，心中暗自发笑："我多虑了，外戚小人而已，不足为惧。"

还是那句话：

只有小人最了解小人。

高力士

李白又喝醉了。

这次他醉得有点重，借着酒劲大呼小叫，说什么本是天上酒中仙，来此人间度凡尘之类的醉话，猛地抬起一只脚，要求高力士给他脱靴。在场的人脸色都很难看，这狂放不羁的大诗人，摊上事了。高力士何许人也？皇帝封他为冠军大将军、渤海郡公，太子见他都要称呼他为"兄"，其他王孙公主见面都毕恭毕敬，尊称其为"阿翁"，就是李隆基自家人般的待遇，论恩宠信任，无出其右者。

高力士苦笑着摇摇头，像看一个小孩子耍无赖，竟真的半蹲下身子为他脱了靴。酒宴之上，众人屏气凝神为李白捏了一把汗。

世人都把高力士想低了。

高力士并不生李白的气，相反他觉得李白很有趣。在这规矩森严人人自危的皇宫中，李白是一个格格不入的异类。他的落拓不羁如山河清风，带来不一样的空气。皇宫再怎么雄伟壮阔，都时不时透着一股散不去的阴冷灰暗，而李白是一抹明亮的阳光。那是自幼便入宫为奴的高力士心驰神往而不能至的一种自在人格，哪怕他现在位高权重、百官敬畏，也始终做不到自在，在这宫墙之内，有谁不是如履薄冰地生活着呢？

是夜，天子与杨贵妃在宫中的兴庆池泛舟游赏牡丹，忽而想找李白来写诗助兴，便让高力士前去召唤。等到高力士回来时，只见他把醉醺醺的李白，小心翼翼扶上船。李白带着几分醉意，文思如泉涌，洋洋洒洒写下了三首《清平调词》，令皇帝看完啧啧赞叹。

云想衣裳花想容，春风拂槛露华浓。
若非群玉山头见，曾向瑶台月下逢。
一枝红艳露凝香，云雨巫山枉断肠。
借问汉宫谁得似，可怜飞燕倚新妆。
名花倾国两相欢，长得君王带笑看。
解释春风无限恨，沉香亭北倚阑干。

天宝三载（744年），皇帝将李白"赐金放还"，还这位"谪仙人"一个自由自在。

"宫中不适合李白这样的人。羁鸟恋旧林，池鱼思故渊，他属于更广阔的天地。"

一日就寝前，皇帝笑着与高力士谈起李白。

"陛下说得是。他这性子，还是适合做个浪迹天涯的游侠。"

"高力士，听说你给他脱过靴？可有此事？"

"都是醉酒后的胡言乱语，老奴权当一乐。"

"你这圆滑的老家伙，还真是谁也不得罪。哈哈哈哈！"

每当高力士值夜班的时候,李隆基总感到格外放松,闲谈之中尽是唠家常的氛围。上了年纪人会愈发恋旧,李隆基也只有在高力士面前方能恢复本真性情,只要高力士值班,他就睡得特别踏实。皇帝还特意在自己的寝宫内安置了一张精致的小床,专门给高力士睡,方便自己随时可以见到他。高力士多数时间留在宫中,很少到宫外的府第居住。各地上报的奏表都要先呈送高力士,然后再上奏唐玄宗。小一点的事,高力士就自己决定了,至此,他的权势超越了所有内侍外臣。

随着李林甫权势熏天,唐玄宗日益沉溺享乐,甚至对高力士说:"朕现在老矣,朝中大小事就托付给李林甫处理,边事就交给节度使们处理,你看怎么样?"

高力士直言劝谏:"天下大柄,不可假人。万一他们的权势过大,还有人敢说他们的不是吗?即便陛下受到蒙蔽,也不知实情了。"

唐玄宗哈哈一笑,也不知听没听进去。

唐隆政变和先天政变前,高力士跟随着英明神武的李隆基信心十足,明知危险却也义无反顾;可如今看似太平盛世,却处处透着诡谲的不安。他能做的事情有限,他也不想僭越,只能一次次有意无意地劝谏。比如之前借着唐玄宗祭昭陵的机会,高力士指着唐太宗遗留下的小梳箱中仅有的柞木梳、黑白篦、草根刷子,感慨地告诉玄宗:"先帝创业不易,留下这个箱子就是为了警示后人,要永存节俭之心,不可懈怠放逸啊。"

开元盛世人才济济,高力士也是其中隐藏的大功臣。这么多年,高力士始终斡旋在宰相与皇帝之间,鼓励姚崇、宋璟放心大胆去做事,又良言相劝救下张说的性命,当太子李亨面临危机的时候,一次次暗中相助令他化险为夷,从皇家到群臣都发自肺腑地认为高力士是个古今难得的贤宦。他没什么私心,一切都是围绕着李隆基转,比谁都渴望陪伴多年的皇帝可以成为圣君。

李隆基是主人,是朋友,更是世上最独特的亲人。

只要李隆基开心,他什么都愿意做。哪怕是皇帝看中儿媳妇,他也想尽办法去办到。

可现在的皇帝,什么忠言都听不进去了。

天宝十三载(754年),长安暴雨不止。

入夜,唐玄宗躺在龙榻上正欲就寝,注意到一旁的高力士神情凝重,知道他有话要说。

"淫雨不已,卿可尽言。"

"有些话臣一直憋着不敢说。陛下如今将政事全权交付给杨国忠,可他赏罚无章,阴阳失度,去年水旱相继,关中大饥,老臣担忧已是天怒人怨,还望陛下明察!"

玄宗听了久久沉默,最终只是轻轻叹了一口气:

"睡吧,朕累了。"

李白问道

离开皇宫之后,李白漫无目的地走在长安街道,落寞怅惘的同时,亦倍感舒畅,就像炎夏烈日下淋了一场暴雨,尴尬归尴尬,淋漓又酣畅。弃我去者,昨日之日不可留,不如对酒当歌,喝个痛快。

胡姬酒肆,人间仙境。一醉解千愁。

该吃吃,该喝喝,也许睡一觉醒来,我还是那个银鞍白马度春风的少年郎!

五陵年少金市东,银鞍白马度春风。
落花踏尽游何处,笑入胡姬酒肆中。

李白一喝多,说话就没谱。

他说自己的剑术师承大唐剑圣裴旻，十步杀一人，千里不留行。酒友纷纷捧场，直呼李白为大唐第二剑圣。

他说自己年少时在大匡山上读书练剑，养鸟上千，悟得召唤群鸟之术，一呼百应。酒友们一片惊叹："要不说您是大鹏鸟的化身呢？"

他说蜀道难，蜀道到底有多难？忽然一声噫吁嚱，危乎高哉！蜀道之难，难于上青天！且听我细细道来，上有六龙回日之高标，下有冲波逆折之回川。黄鹤之飞尚不得过，猿猱欲度愁攀援。青泥何盘盘，百步九折萦岩峦！于是听众们的脑海里不由得浮现出巉岩峭壁，峥嵘崔嵬，满座鼓掌，干杯尽兴。

若是遇到他手头宽裕，动辄仗义疏财千金散尽，眉头都不带皱一下。他说自己在扬州豪掷三十万铜钱，如何如何慷慨解囊见义勇为，千金博美人一笑等。钱算什么东西，李白在意的是情，若到动情处，生死尚且置之度外，何况钱财？

跟他喝酒是一种荣幸，听他吹牛是一种沉浸。当他眉眼微醺，兴致高昂诗兴大起，谈起天下名山大川之壮丽风景，谁会那么扫兴，质疑他说的到底有几分真，几分假。毕竟，那可是李白呀！

千百年后，人们总说李白是伟大的浪漫主义诗人。

对于李白而言，他从不知浪漫是何物，只是一直遵循着自己的本心而活，自歌自舞自开怀，无拘无束无挂碍。老天爷也厚待他，给了他可以由心而活的本钱和才气。不须计较与安排，领取而今现在，李白的浪漫，正是一种永远活在当下的豁达，与敢于重新开始的勇气。

青莲居士李太白，身不满七尺，而心雄万夫。
李白的内心是无比骄傲的，他也有骄傲的资本。
五岁诵六甲，十岁观百家，十五好剑术，遍干诸侯，三十成文章，历抵卿相。
说天才，谁是天才？
李白不会谦虚，或许也无须谦虚。
我自狂歌空度日，为谁跋扈为谁雄。

李白的追求也尽显世俗。
入世就要入得痛痛快快，毫不犹豫地追名逐利，拿得起也放得下，学那范蠡、张良功成身退，云游四海。若待功成拂衣去，武陵桃花笑杀人。

好就好在一个真，坦坦荡荡，不遮不掩。
他从不掩饰自己对名利的渴望，对酒色财气的沉醉，俗也俗得光明磊落，反倒不落窠臼，倜傥洒脱。受到打击后，他随时可以调整自己的心态，自我鼓舞道：

> 大鹏一日同风起，扶摇直上九万里。
> 假令风歇时下来，犹能簸却沧溟水。

这种为人处世的纯粹自然，就是世间最可贵的赤子之心。不伪，已是修真。

故而李白的样貌总比实际年纪看起来年轻许多，他有一双少年郎般的澄澈眸子，头扎束带，腰缠玉巾，举手投足翰逸神飞，总是一副迤迤然的倜傥模样，让所有见到他的人对他的第一印象极为深刻。他几乎与所有的好友，都是一见如故。比如孟浩然，又比如贺知章。

三年前，八十多岁的太子宾客贺知章与李白一见如故，盛赞李白仙风道骨天纵奇才，真乃"谪仙人"，不惜金龟换美酒，同销万古愁，留下一段美谈。

天宝三载（744年），就在李白被赐金放还前不久，他的老大哥贺知章因病告老还乡。李白痛哭流涕，作诗相赠，祝愿这位老大哥长寿安康，来日必亲自到访四明山，拜访这位"四明狂客"。谁曾料，这一别即是永别。

曾经的饮中八仙，如今聚散无常，曾经的豪情壮志，如今俨如笑谈。三年前他收到皇帝的诏书，得意之情一直洋溢到脚趾，大呼"仰天大笑出门去，我辈岂是蓬蒿人"。踌躇满志入了宫，以为自己终于可以一展心中抱负，申管晏之谈，谋帝王之术。

李白年少在蜀中戴天山曾拜纵横家赵蕤为师，研习《反经》，取老子"反者，道之动"之意。此后更是立志，可以澄清玉宇海晏河清，成为帝王师。

秉烛唯须饮，投竿也未迟。如逢渭川猎，犹可帝王师。

入宫那天，皇帝屈尊降辇步迎，以七宝床赐食于前，还亲手为他调羹，似以国士待之，这令李白热血澎湃，写下《塞下曲六首》，表示愿上刀山下火海，平定四面蕃夷，以军功报之。

晓战随金鼓，宵眠抱玉鞍。
愿将腰下剑，直为斩楼兰。

然而，成为翰林供奉后他才发现，原来自己在皇帝眼中，跟那些梨园弟子，抑或斗鸡走狗之辈其实没多大区别，连个品级都没有，无非图权贵一乐。一个民间艺术家，在华清池边的管弦丝竹中，写诗粉饰皇家的风花雪月，招之即来挥之即去。老子是管晏之才，不是帮闲清客！[1]

大鹏鸟是关不住的。

它的每一根羽毛，都属于山川与大海。

自由，是大鹏的宿命。

飞翔，还是飞翔，他要飞到九霄之上，也要潜入深海之渊，他不想虚度光阴，他想要的，是各种维度的尽兴。不尽兴，这辈子就白来了。

李白是个无可救药的理想主义者。

要么出将入相功成名就，要么白日飞升得道成仙。

这两个理想的难度，一个过于沉重，一个过于缥缈。

同时，他心底深处又非常清楚，这不可能成真。

人前的傲骨背后，是他不可名状的自卑与悲观。他比谁都清楚，自己的目标，注定失望收场。可那又如何？因害怕失败而退怯，不是他的人生哲学；哪怕失败也要义无反顾上路，这才是他的人生态度。

---

[1] 早期一些专门陪着大贵族、大官僚、富人等消遣玩乐的人被称为"帮闲"，也叫作"清客"。

离开长安后，他前往挚友元丹丘隐居的颍阳山居，与其同住同修。李白年少便崇拜葛洪，酷爱读《神仙传》，他相信书里的不少故事都是真的，确有凡人可以修炼成仙。自从二十四岁出川闯天下，一路遍访名山大川，除了干谒求取功名之外，还有一个重要原因就是寻仙问道。他想在有生之年见到活神仙，得道成仙，寻得肉身的大解脱。不老，不死，不朽。

世人说他是谪仙人，可他是真的想成仙。可人，怎么才能成为仙呢？

什么又才是仙呢？

那自然是长生不老、腾云驾雾、遨游天地、无拘无束。

这世上真有这样的人吗？

我一定要找到。

开元十三年（725年），年轻的李白游历江陵，巧遇道家一代宗师"白云子"司马承祯。

司马承祯受大唐历代皇帝推崇，人称"活神仙"，此时已经八十有六，依然鹤发童颜。他见李白，拊掌称赞："你有仙根，可与神游八极之表。虽天纵奇才而心神未定，若勤勉求道，此生必有所成。"

李白得到这位大宗师的认可大喜过望,当即写下《大鹏遇希有鸟赋》,抒发自己想要得道成仙的志向:

俄而希有鸟见谓之曰:伟哉鹏乎,此之乐也。吾右翼掩乎西极,左翼蔽乎东荒。跨蹑地络,周旋天纲。以恍惚为巢,以虚无为场。我呼尔游,尔同我翔。于是乎大鹏许之,欣然相随。

"您会飞吗?"李白问他。
"我不会。"司马承祯抚须大笑。
"那怎么才能羽化成仙?"
"不让肉身折磨你的灵魂,不让一切世俗想法改变你的本心,就是仙。"
"我该怎么做?"

司马承祯传授李白《坐忘歌》,让其用心感受世间一切,皆是修行得道之因。

不饮不食不寐,是谓真人坐忘。
心忘念虑,即超欲界。

心忘缘境,即超色界。

心不著空,即超无色界。

离此三界,神居仙圣之乡,性在清虚之境矣。

——《坐忘歌》节选

十九年后的天宝三载(744年)秋,李白与杜甫、高适一同前往王屋山,缅怀司马承祯。

此时这位"稀有鸟"已仙逝多年,葬于王屋山,李白遗憾于大鹏最终没能随稀有鸟一同翱翔。百感交集之下,在王屋山阳台观亲笔写下《上阳台帖》:"山高水长,物象千万,非有老笔,清壮何穷。十八日,上阳台书,太白。"

如今世上最接近成仙的人都死了,那所谓羽化成仙,会不会只是一个不可能实现的谎言!

帝王将相、贩夫走卒、文人骚客、南华葛洪,最后都是殊途同归,无非死亡。

没有人可以改变生老病死,神仙也无法变换春夏秋冬,大道亘古永存,却又时刻变化。任何人在造物主的自然大道面前,皆渺小如泥沙蝼蚁。

生者寄也，死者归也。

在这一生一死之间，人活着到底是为了什么？

也许只有人会这么想，也许这种问题本身，就是生而为人不可避免的诅咒。

有李白的地方，总不缺乏热闹，然而李白时常感到孤独，一种难以言喻的怅惘挥之不去，质问自我本身存在的意义，如同幽灵一般萦绕在天才飘逸不羁的外表之下，他只能一遍遍靠醉酒来暂时消解那种强烈追寻意义带来的不安。读万卷书，行万里路，所见之人包罗万象，可他还是得不到一个能把心安住的答案。

赐金放还，仕途无望。李白干脆决定彻底走上修仙之路，哪怕竹篮打水一场空，也要试着寻仙问道。他不想稀里糊涂地糊弄自己，任何无法抑制的渴望，都需要一个答案。哪怕结果令他失望，追寻答案的过程也是给自己一个交代。

李白此前隐居修道，多少仍持有走"终南捷径"之念头，如今繁华落尽洗净铅华，反倒看清自己的内心，是真的想活个通透明白。他自视甚高，年轻时总以为世间万事无所不知，随着年岁渐长反而徒增迷惘。他想找个信得过的高人，回答心中积累的烦闷。

他又想到了元丹丘。

元丹丘，爱神仙，朝饮颍川之清泉，暮还嵩岑之紫烟，三十六峰长周旋。

李白一生交友无数，四海之内皆兄弟，但若论挚友，元丹丘独一档。元丹丘也是修道之人，仅仅只是待在他身边，李白的千愁万绪便如雨后涟漪，旋归平静。李白怀疑这家伙早已开悟得道，只是他不说，若别人问起，也只是淡然一笑，一副高深莫测的模样。遇到不如意时，李白就会来颍阳山居找他解惑。隐居之地云遮雾障，林深树密，在此深山之中，岁月不知，世事遥远。闲来垂钓碧溪上，忽复乘舟梦日边，李白从未觉得生活像现在这样简单清醒，远离闹市，远离浮名，远离一切围绕他的臧否流言，他不再是世人传闻中的诗仙浪子，只是一个纯粹的修行者。

对元丹丘，李白完全坦白。

他的狂傲他的悲愁，他的迷惘他的堕落，什么都可以坦承，元丹丘从不做评判指责，只是淡淡微笑，报以无限的宽容、理解。

颍阳山居中，二人凭几而坐，静听寂然，寻求那虚室生白，惟恍惟惚的入定状态。然而越是安静的时刻，李白的心思越是流星般划过灵魂，漫无边际。如是反复，始终不得坐忘真谛。他不由得回想起司马承祯教给他的《坐忘歌》，在心中默诵。

难，太难了。

若是修行是为了变成这样，那又何必修行？

人心惟危，道心惟微；玄之又玄，渺之又渺。

李白至今的人生，总离不开"梦""酒""醉"三字。痴人妄语，醉者高歌，从荒无人烟的深山到繁华锦绣的长安，前尘往事如烟似幻，仿若年少大匡山的午后，云雾缭绕，一场醉酒后的大梦。

他问打坐在一旁闭眼冥思的元丹丘："丹丘生，你说漫天星辰是真实存在的吗？还是说如同画布上的点缀一般并无实体，只是夜空怕枯燥诞生出的光？"

"我不知道。"

"丹丘生，你不觉得这世界很奇怪吗？月盈月缺，潮起潮落，花开花落，就好像……就好像所有一切都被什么人定好了规矩一般，老老实实地负责演出。是造物主吗，还是大道周而复始，你我皆是不得自由的棋子？"

"我不知道。"

"丹丘生，我年少的时候住在绵州山中，四面都是云雾缭绕的群山，看不到尽头。我常常会想，我所生活的世界，其实是一个困在群山之中的假象，只要翻过这些山，就能看到更真实的世界。二十四岁，我终于离开绵州，沿着长江水东游，可我越过一条河，又是一条河，翻过一重山，又见一重山。重峦叠嶂万重山，此生又怎么翻得完？即使到了山的那一头，也不过是无穷无尽的山与海。到底追寻到什么时候才是尽头？从蜀中到扬州，烟波微茫的大海呀，隔断了我的追问，那海的彼岸呢？我曾想借一艘船出海去寻找彼岸，可我的钱用完了，困在扬州，我望着床前明月光流泪，一层寒冷无比的冰霜凝结在我的心头，我不知道此后该往哪里去。我找不到灵魂的家乡，丹丘生，你明白我的意思吗？我找不到一个可以回去的地方，一个让我不再问为什么，可以放肆自在的归处。"

"哦。然后呢？"丹丘生敷衍地应和道。

"人世间声色犬马，艰难苦恨，贵贱悬殊，人人画地为牢不得解脱。我生之前，天地如此循环，我死之后，一切依旧反复。人在无限过去与将来之间，如同沧海一粟，不值一提。追求任何东西，都只能得到短暂的欢乐，之后不是求而不得的痛苦，就是得到之后的空虚。你说人来这世上走一遭，到底是为了什么？天地为何而存在，人又为何有生老病死万般愁？"

"那你找到答案了吗？"元丹丘笑了笑，挠了挠后脑勺。

"大道如青天，我独不得出。丹丘生，我不明白。为何世人总能轻易接受人生的现状，仿佛一切都是天经地义？毫无疑问，我却总在追寻虚无缥缈的意义。哪怕我无数次欺骗自己活着无非吃喝玩乐、功名利禄，如此而已。我可以无比世俗，天下人追求什么，我就追求什么，美人之所美，乐人之所乐，可我永远无法说服自己，那就是我李白来到世上的意义，始终无法满足那颗不安躁动的心。坦白告诉你，在皇帝身边的日子，最让我难过的不是仕途不顺，是我看到李林甫和高力士那样身处高位者，他们小心谨慎，如履薄冰。做了皇帝就快活自在了吗？也没有，他跟我在长安酒肆认识的无赖没多大区别，贪图享乐，贪恋美色，喜欢听好话，喜欢热闹，害怕孤独，害怕死亡。这大唐广阔疆土，到处都是乱七八糟的理所当然，我却找不到一个满意的答案。"

"你想要什么答案？"

"我是谁？！"

"你是李白啊！"

"哈哈哈哈哈，李白只是一个名字，一匹马，一只狗，任何人都可以叫李白。"

"那你也可以是丹丘生呗。"

"我甚至不止一次怀疑过，其实这世上没有其他人，你、李隆基、杨玉环、孟浩然，都只是我李白梦中的倒影罢了。"

"你想得太多了。你是李白，你是人，你不是大鹏，也不是太白金星，至少此生此世不是，你是人，所以你没有翅膀，也不会飞。

你不会长生不老，也不是管仲、诸葛亮，没有宰相之才。你天生就是个诗人，对天地万物有着独到的领悟，你爱喝酒，会舞剑，至于杀没杀过人只有你自己知道，你到处拜谒权贵，你想名扬天下，你要每个人都记得你，你比谁都害怕死亡，却装作一副随时都可以死去的洒脱。你害怕死亡之后是一无所有，你害怕你追寻的一切到头来不过是镜花水月，你佯装慷慨豁达、遗世独立、与众不同，装得自己都深信不疑。可你到头来还是接纳不了你自己，每天都在与自己为敌，所以你要喝酒，你要赞美，你要世俗的成就，你要不停地取得认可，来满足那一颗奔流不息漩涡般的心。你知道，你不应该问任何人，你是谁，你应该怎么做，以及什么才是对的。你只要回到你的本心，你的元神会告诉你，去选择，去创造，你所做的一切都是对的。因为根本就没对错，都是你必须经历的。"

李白愣住了，他直起身子盯着打坐的元丹丘。万籁俱寂，山中的鸟兽似都已沉睡，此时是盛夏深夜，山中的寒气在夜晚渗入腠理，李白紧了紧袖子，从脚边拿过一壶酒一口灌下，继而平静地仰躺下，望着星空扑哧笑出了声。

"说得太好了，丹丘生。我就是怕死，我怕白来世上走一遭，什么也没留下，什么也没弄明白。世人生儿育女，积蓄财富，也无非是怕死。没有死过的人回来告诉人们到底死后的世界是怎么一回事,我想知道生从何处来,死后往哪里去。我更想如南华真人所说的鲲鹏一样逍遥游,想不朽,想永远活在他人的记忆中,这么想的我,是不是太贪心了?"

"对你而言,何为不朽,何为逍遥?"

"如大海无垠是为不朽,如鲲鹏无拘无束是为逍遥。"

"一滴水会干涸,但当一滴水融入大海的时候,就得到了不朽。然而本质上,水一直都存在,它只是改变了我们可以看到的状态。当水滴意识到自己终究会回到大海,当你体悟到一切源头的本体不朽后,再也不为过去将来所束缚,由你自己赋予一切意义,就是逍遥,而你也终将体悟到,我们都是造物主本身。"

李白若有所思,频频点头。元丹丘闭着眼睛伸了个懒腰,淡然说道:

"你我的心之本体不一不异,无色无形,无比轻盈,无所染着。我们既是画师笔下的人像,也是画师自己,一遍遍用念头塑造着不同的皮囊与灵魂。你、我、皇帝、乞丐甚至山河大地,都是同一支画笔画下的风景。"

"那我们为什么会有那么多七情六欲折磨自己?"

"因为所有的觉知都很重要。

"骄傲过,卑微过,才知贵贱本是虚妄无常;

"快乐过,痛苦过,方知世人苦乐千差万别。

"感同身受从来都是最难的事，只有遍历所有情志，才能摸到一点玄妙，原来众生本为一体，遂无我、无功，亦无名。"

"堕落也重要吗？"

"堕落也很重要。一切的意识都是阴阳对立，同时又阴阳融合，以合为体，以分为用。

"正如道是心之本源，而人心道心，皆是道之用。你说善，必然意味着知道什么是恶；你说仙，必然体悟到什么是俗。仙俗善恶都在不断转化之中，你中有我，既然你意识到何为堕落，就一定知道堕落的反面是什么。"

李白闭上了眼睛。

"我悟了！丹丘生。"

"愿闻其详。"

"是接纳，是允许一切已发生和未发生，是接纳一切遗憾和悔恨，让它们如风一样飘散。允许我的心接纳一切的发生，是对待一切最好的态度。无视天道与本心，一味抗拒只会消耗自己的生命之力，实属愚蠢至极。我根本不需要绞尽脑汁去做任何改变，去追逐任何求而不得，就能脱离苦海。参悟肉身与元神之对立，也是虚妄。堕落乃是必经之路，让我体悟接纳这个世界本来的面目，它真实，也虚妄，但必须勇敢承认。

"我是李白,我是求仙之人,是诗仙,是酒仙,也是天底下最无知的傻子。"

李白站起身,向着群山长啸不止,向着明月仰天大笑。

"李太白,你笑什么?"

山下响起熟悉的声音,李白惊喜回头,见到一身儒生装扮的老友岑勋举着火把走上山来。

"哈哈,来得正好。来来来,岑夫子、丹丘生,咱们今晚喝个不醉不休!"

这是李白这么多年来,喝得最痛快的一次,喝到忘我之境,如置身云层之上,非梦非幻,如痴如醉,心神狂喜。他仿佛已经脱离了李白的躯壳,悬浮于李白之上,看着李白喝酒,欣赏李白舞剑,又在狂笑之后拿出纸笔,一手琥珀酒,一手鸡距笔,身形晃荡之间,灵魂穿越古今,已然见到无数后人朗朗出口,才思涌出恰是浑然天成。

"奇哉妙哉!此时此刻的我,才终于明白,从来都不是我李白在写诗,而是恰好会写诗的这个我,使用了李白这具皮囊。请诸位倾听,此诗名叫《将进酒》,而它注定不朽!"

君不见，黄河之水天上来，奔流到海不复回。

君不见，高堂明镜悲白发，朝如青丝暮成雪。

人生得意须尽欢，莫使金樽空对月。

天生我材必有用，千金散尽还复来。

烹羊宰牛且为乐，会须一饮三百杯。

岑夫子，丹丘生，将进酒，杯莫停。

与君歌一曲，请君为我倾耳听。

钟鼓馔玉不足贵，但愿长醉不愿醒。

古来圣贤皆寂寞，惟有饮者留其名。

陈王昔时宴平乐，斗酒十千恣欢谑。

主人何为言少钱，径须沽取对君酌。

五花马，千金裘，呼儿将出换美酒，与尔同销万古愁！

李白轰然倒地，元神笑着回到身体，一阵鼾声响起。

一觉睡醒，已是次日黄昏。

李白神清气爽，感到前所未有的舒畅，他收拾行囊，决定下山。

该回去了。

无所融入，何处是家乡？

心若逍遥，何处不归途！

他选在一个黄昏出发，迎着昏黄的夕阳踏上旅程。
是我们赋予世界意义，而活着赋予生命诗意。
黄昏的斜晖，亦可以当作黎明的曙光。

岑夫子与丹丘生一左一右送他到山下村庄，相视大笑，一切尽在不言中。

不远处的大树下，乘凉的垂髫小童惊诧地对一旁的爷爷说："爷爷，你看那个人，一个人在那里抱着树大笑，好吓人啊。"

"欸，酒蒙子罢了，赶紧离他远一点。"

史崒干

史崒干近来愁得猛掉头发。
消瘦颓唐，显得更像个突厥人。
年近不惑，他脑子里却全是困惑。
"人生的成败，到底是什么在决定？命运吗？"

他想得最多的，还是到底怎么做才能发财。

人到中年，一事无成，上有老下有小，每天睁开眼就得为了生计奔波，他自问从未懈怠偷懒，可日子竟还是愈发拮据。互市贸易的行情不好，牙郎的活儿每况愈下，他只好四处借钱度日。近月来妻子总是有意无意提起安禄山，说怎么做兄弟的发达了，也不提携一下我们？

史崒干默不吭声，他不想跟妻子斗气，也不想告诉她安禄山其实一直想提携自己，只是他拒绝了。

史崒干小时候穷，除了安禄山一直把他当兄弟，也就只有自己这个老婆辛氏慧眼识珠，当初不顾家人反对要死要活地嫁给他。他感恩在心，打心底爱护老婆。如今作为一个男人，连老婆孩子都养不起，他不禁灰心丧气。

"崒干，过来跟我干吧！"兄弟安禄山一再邀请他加入麾下，可他总是婉拒，说自己干不了杀人的活。

"等你哪天想明白了，随时来找我。"

论武力论脑子，史崒干自认为都不亚于安禄山。虽然他仅比安禄山大一天，可一直以来都是以安禄山大哥的心态自居，如今彼此的境遇差距越来越大，内心着实难以平静。出于某种不可言说的自尊心，他总在安禄山面前说自己过得很好，不想接受安禄山的馈赠帮助。

这世上最难过的一关，就是自己的尊严。

要不加入唐军吧，拿份军饷不至于每天饿肚子；即便战死了，老婆孩子也有抚恤金可以拿。每当这个念头冒出，他旋即又会想起自己到底是个突厥人，而且他家源自突厥阿史那氏王族，而大唐正是灭亡突厥的世仇。

贞观三年（629年），大唐卫国公李靖率军灭亡东突厥。东突厥灭亡后，有十多万人南下归降唐朝。657年，大唐邢国公苏定方又率军再灭西突厥。二十五年后，被大唐所灭的东突厥集中族人卷土重来，史称"后东突厥"。大唐的名将健儿顿时又都激动起来，纷纷前往边疆建立军功，将突厥人的脑袋视为出人头地的筹码。

682年，突厥复国，在后突厥汗国的第二位可汗默啜的号召下，六胡州的一部分降胡部落北上进入突厥，史窣干的父辈也在其中。之后不久突厥内乱，史窣干也随着父辈南下归唐，辗转进入营州，成了安禄山的邻居。

史崒干从小就听族人说起，大唐迟早要将突厥亡国灭种。自己若加入唐军去杀族人，那纯属是有肉就当狗。唐军中也有不少胡人，尤其是杂胡和粟特人，他们毫不在意族裔，根本不在乎杀的是不是同族，可史崒干不同，他读过书，有自己的民族认同。唉，老婆孩子热炕头，知足便好。一遍遍安慰自己的史崒干，在无数个辗转难眠的夜里叹着气。

什么东西在一块一块剥落，犹如风化老旧的墙。
每叹一次气，那块心墙便剥落一片。

到底是哪里出了问题？他这么拼命，日子却还是这么难。
妻子煮着野菜，一家人都不说话，似乎早已习惯了这样。夜幕覆盖着营州草原，怨气浸透了她的脸。他不敢抬头看向她的眼睛，任由妻子将叹气衍变成埋怨，埋怨当初瞎了眼，不该不听家里人的劝，如今吞下的野菜，都是年少的无知。他什么也不回应，只是无力地躺下佯装入眠。

如此蹉跎两三年，日子并没有什么改变，然而史崒干的性情愈发急躁，酗酒消沉，逃避工作，和妻子儿子的关系也日益紧张，动不动就砸东西打人,打得儿子朝义总是鼻青脸肿,带着仇恨的眼神瞪着父亲。邻人都说,这人算是废了。而那边安禄山却已经军功累累,不仅升任偏将,还一跃成了幽州节度使张守珪的义子,风头一时无两。

人世间最大的落差,来自身边人的平步青云。安禄山混得越好,史窣干就越不想听到有人提起。可左邻右舍时不时提起来,都以认识安禄山为荣,间或有不识趣的人见到史窣干,夹枪带棒冷嘲热讽:"哟,这不是安禄山大将军的兄弟史窣干吗?您忙什么去呀,什么时候也去做个将军啊?"史窣干置若罔闻,但眼神却越发冰冷。

从此史窣干变了,开始迷上赌博,他不再相信勤劳苦干,只想与命运搏一搏,一次次押上所有赌注,换一个扬眉吐气的希望。赢了钱烈酒下肚,输光了又期待翻盘,如此欠下的赌债利滚利,不知不觉间已成了一笔难以负担的巨款。他靠着安禄山的名头去跟官府借钱,直到借无可借,债主们磨刀霍霍,妻子失望透顶带着孩子回了娘家,他一次次在生死的边缘挣扎。

一个人若是长久得不到生活的善待,任何原则都可以打破。开元二十四年(736年),实在走投无路之下,他只能扯下那虚妄的自尊心,主动寻找兄弟安禄山帮助。

"崒干，不是我不想救你，是我如今自身难保，因轻敌冒进打了败仗，必须去京城请罪，能不能活着回来还是个问题。"

史崒干的眼神陷入绝望。安禄山不忍，最终咬咬牙建议道："你敢不敢赌一把大的？"

"我还能赌什么？"

"赌你的命。"

天地间弥漫着一片寂静，夜晚凛冽的寒意透骨而入。

史崒干独自骑着马，徘徊在奚人部落附近，终于，举着火把的奚族巡逻兵将他团团围住质问。

"干什么的？"

"我乃大唐使者，我要见你们的王！"

巡逻兵们笑出了声，不相信这个突厥长相的家伙竟会是大唐使者。

史崒干镇定自若，举起手中代表使者身份的旄节用奚人的语言气势巍峨道："我乃大唐使者，奉命面见奚王传达天子旨意，若是带我去见奚王，定是功劳一件，必有赏赐。"

巡逻兵们见他一副大义凛然的样子，一时吃不准真假。

"你要真是大唐使者，为何孤身一人？"

史崟干神态自若："契丹人不希望大唐与奚人交好，派人拦截使者队伍，唯独我一人逃了出来。"

见奚人的巡逻兵依然狐疑不决，史崟干厉声呵斥："我孤身一人来此，尔等有什么好担心的？！尔等若是误了大事，莫说奚王，我大唐也绝不轻饶！"

奚人的巡逻骑兵们被史崟干的气势所迷惑，最终转变了态度，恭恭敬敬地将史崟干带到了奚人首领面前。

史崟干见到奚王，整理衣冠淡然无惧，以大唐礼仪作揖。

"见到我王，来使为何不下跪？"奚王身边的侍卫大声呵斥。

"我乃大国使者，何须下跪？"史崟干以标准的大唐官话凛凛驳斥。

奚王顿时被史崟干的气势唬住，这人确实是大唐使者，否则哪有那么硬的底气？立刻安排左右以贵宾之礼厚待之，在宴席上听闻大唐皇帝有准备与奚王和亲的打算，不禁喜笑颜开。

次日，大唐使者要回去复命，奚王派了一百多人跟随护卫史崟干，作为一种回礼。

史崒干眉头紧皱，不屑道："你派给我的都是无名小卒，实在没有诚意啊。如果真的希望让我大唐圣上看到奚王的诚意，至少也要派个名将吧！还是说，你帐下没有什么拿得出手的将领？"

奚王一听好胜心就起来了，派出麾下第一名将琐高跟随使者回长安面见大唐天子。

史崒干努力憋住心中的狂笑，面上依然波澜不惊，像是也不把名将琐高放眼里。

这位名将琐高正是史崒干的最终目的。安禄山告诉史崒干，琐高勇武善战，屡败幽州唐军与城傍（雇佣军），是个大麻烦。节度使张守珪爱惜此人之才，在军中悬赏，如有生擒琐高者，赏赐黄金百两。"我得闻奚王有意与大唐和亲，故而今有一计，可助你生擒琐高，拿下赏金，就看你有没有那个胆子了！"

史崒干将琐高骗到了平卢，他悄悄告诉平卢守将说："奚国兵有数百人，号称入朝，实际上想趁机劫掠，请你带兵奇袭拿下。"守将闻言大喜，这是送上来的军功啊，于是秘密伏兵，假装犒劳使者护送团，忽然一哄而上，活捉了琐高。史崒干便带着这位奚族名将，献给了幽州节度时张守珪。当张守珪得知立下奇功一件的史崒干竟然还是义子的好兄弟时，不但赏赐史崒干黄金百两、牛羊百头、生绢百匹，还提拔他为果毅都尉。同时，惜才的张守珪说服了琐高降唐，并改名张琐高，收为义子，又将一位名将收入帐中。

盛唐时期米一斗约13文钱，白面一斗37文，而生绢一匹则为470文，一两（37.3g）黄金差不多8000文钱，史崒干一家此前一年的收入都不超过二十两，这次背水一战，不仅还清了之前的赌债，更是一跃成为富家翁。这次他赌赢了。

曾经看不起他的父老乡亲们见到史崒干荣归故里，诧异羡慕的眼神里也透露着惊恐，生怕史崒干报复。谁知史崒干倒是大方，烹羊宰牛宴请左邻右舍，好生出了一口多年的窝囊气。

受到安禄山和史崒干人生转变的激励，各蕃胡人青壮年都踊跃参加唐军，即便无法参军的，也都纷纷加入城傍想赢取赏金改变人生。

话说安禄山到了京城，险些就被右相张九龄定罪斩杀，孰料唐玄宗一见安禄山便青睐有加，非但赦免了他死罪，还对他赏识厚待，可谓因祸得福。

开元二十九年（741年）八月乙未（十七日），圣上以安禄山为营州都督，兼平卢军使，两蕃、渤海、黑水四府经略使。安禄山的升官之路，从此皆是坦途。

在安禄山麾下的史崒干自然也是水涨船高。史崒干本身的才华谋略，敢于冒险的赌徒性格得到了充分发挥，没两年就升为平卢军知事，又在讨伐奚和契丹的过程中屡立战功，在天宝初升迁为平卢军兵马使。安、史两兄弟的黄金年代全面到来，各族胡人骁勇纷纷来投，成为他俩的义子，无论权势、名利，都在东北如日中天。

天宝元年（742年），史崒干在安禄山的推荐下，得以入朝觐见唐玄宗。

"去看看长安吧，崒干。我们曾经想象过的繁华，都远不及真正长安的皮毛。当你见到皇帝的黄麾大仗陈于大殿之上，你才知道什么叫作真龙天子。"安禄山拍着兄弟的肩膀，眼睛望向长安的方向，神色中透露着一种深深的向往。

那一刻，史崒干在安禄山的眼里看到了极致的野心。

到了长安，史崒干算是彻底开了眼界，此前四十年生活在苦寒之地，他从未料想过，世上竟还有长安这般锦绣之地。酒肆楼阁无不画栋雕梁，走到哪儿都是丝竹管弦入耳，芳香瑞气扑鼻，无不让他目不暇接，心中感叹了无数遍。繁华，这才叫人间仙境。

唐玄宗爱屋及乌，对安禄山推荐的人也相当重视，在曲江园林大摆筵席接待史崒干。

是夜，君臣团坐曲池之周，四周的金吾卫肃肃仪仗里，风生鹰隼姿。

曲江池一带飞桥栏槛，明暗映照；舞榭亭台、柳汀花坞，游船画舫停泊于曲江之上，沿岸绣旆相招、灯火辉煌、照夜如昼，宫女太监衣着精致，动作整齐划一。

筵席开始前，太常寺安排了坐着演奏雅乐的乐队，紧随其后是鼓乐、吹乐、胡乐，教坊乐的表演，以及各种杂耍戏法，甚至还有犀牛和大象进场表演叩拜和舞蹈。最让史崒干惊艳的节目还是《霓裳羽衣舞》，数百位仙女一般青春秀丽的宫女，头梳高髻，肩披纱巾，长裙曳地，个个体态丰盈，舞姿婀娜，动人心魄。

筵席上的美味珍馐自然数不胜数，光是最普通的白米饭，也是晶莹剔透的吴兴米，甑香扑鼻、入齿芬芳、回味无穷。史崒干后来打听了一下，随便一道菜，都抵得上寻常人家一年的收入。皇宫之奢侈，纵使寻常百姓大胆去想也想象不到。

经过一番交谈，唐玄宗发现这个胡人将领不仅大唐官话说得流利，书读得也不少，对于如何平定契丹，奚人有着自己独到的策略见解，不禁心中大悦，有安、史二人坐镇东北，何愁天下不平。

"将军年几何？"

"回禀陛下，正当不惑之年，四十了。"

唐玄宗亲热地拍着史崒干的背，鼓励道："卿有大才，当勤勉为国，日后立下功绩，朕许你一个前程可期。"

史崒干当即跪下谢恩，砰砰磕头。唐玄宗笑着扶起他，略一沉思道：

"爱卿的名字太难记了，既然崒干是胡语光明的意思，朕为你改个名字，从今往后，你就叫史思明吧！"

"臣史思明三生有幸，谢陛下赐名！"

酒过三巡菜过五味，醉眼迷离下看这满朝权贵，史思明心神一阵恍惚，无比震惊地看到，在场所有权贵都开始扭曲变形，他们四肢伸长，皮肤溃烂，长出了黑色的粗糙毛发，嘴角长出狰狞的獠牙，骤然变成狼的模样。他们纷纷转过头来，用绿幽幽的兽眼死死锁定了他，喉咙间发出了低沉的嘶吼声。

皇宫中这批人，是天下最贪婪嗜血的狼群。

他也终于听懂了狼吼隐藏的含义：史思明，你是否愿意加入我们，去做那吃羊肉的狼？

番外

向往的国度

九天阊阖开宫殿,万国衣冠拜冕旒。

——王维《和贾至舍人早朝大明宫之作》

1.

遣唐使节团的船甫一靠岸扬州码头,十九岁的阿倍仲麻吕就迫不及待蹿着下了船。

"大唐,我来啦!"他欢呼雀跃,贪婪地闭上眼睛深呼吸,让大唐的空气进入身体。

青山隐隐水迢迢,正是江南好风景。他等待这一刻已经太久,仅仅是闻到大唐的气息,就有美梦成真的恍惚之感。

平城京的贵族青年，哪一个不是以学习汉语，手写汉字为荣？出口来一句《诗经》《春秋》，若是还能用地道的大唐雅音念上两句，嗨，太有面子了。哪家的公子若是做过大唐的留学生，那更是香饽饽。大唐，彼时日本人眼中天底下顶好的天朝上国，谁不想亲眼见识一下呢？

阿倍仲麻吕已经忘了近半年海上的颠簸折磨，到了扬州瞬间神采奕奕。由于遣唐使节团在扬州需要待一段时间等到朝廷颁发的关牒才能前往长安，阿倍仲麻吕与年长他三岁的下道真备年龄相仿、志趣相投，便结伴在扬州闲逛。

他们最爱去的地方，就是扬州的各个市集。当时的扬州是唐朝最繁华的都市，借助长江与运河之便利，南北商旅交会于此，西域的胡人、新罗的商贾、南洋的进贡者等等各种奇装异服之人在街上出现，市集里各类物品应有尽有，好多是阿倍仲麻吕他们长这么大都没见过的。

文人墨客、纨绔子弟等都喜欢在扬州一晌贪欢。年轻人结伴来到慕名已久的河畔，摇曳生姿的年轻女子巧笑妍妍、妆容明艳，如此繁华喧嚣的人间烟火地让来自日本的年轻人忍不住选了其中一家一醉方休。

在扬州的日子让阿倍仲麻吕大开眼界。扬州的繁华不仅体现在商业的自由畅通，还体现在文化上的包容兼济，大唐人的自信热情、礼仪周到都给他留下了深刻的印象，他记得曾经看过《春秋左传》中的一句话："中国有礼仪之大，故称夏。有服章之美，谓之华"。

在扬州待了三个月，阿倍一行人直到关牒下来才意识到此行不是来游玩的，身上承担着学习大唐先进文化促进日本发展的重任。

阿倍仲麻吕这些日子感慨良多，更是坚定了在大唐全身心学习的决心。

"下道君，我想留在大唐。"阿倍仲麻吕坦诚告诉朋友内心的想法。

"我们留学生想留在大唐，只有考上进士这条路，我看你还是别想了，那几乎不可能。"

"大唐的科举制度，考的无非也是我们从小读的那些汉文典籍，有那么难吗？"

"难是自然，对唐人尚且重重选拔精挑细选，何况我们这些外邦人。之前八次遣唐使节团的留学生中，没有一个考上的。"

"那我就要当第一个考上大唐进士的日本人！"阿倍仲麻吕顿时有了目标。

2.

大唐开元五年（717年），日本第九次派出遣唐使节团，全员五百五十七人，分四艘大船来唐，规模空前庞大，其中有留学生十二人，学问僧六人，还学僧四人，请益生八人等，浩浩荡荡前往长安，于当年九月底抵达东都洛阳。

唐玄宗对遣唐使颇为重视，安排一行人在鸿胪寺住宿，由典客署负责提供饮食与起居用品好生招待，并且安排参观行程，让他们四处游览，比如孔庙、白马寺之类的名胜古迹，在此期间唐玄宗特意接见。使节团趁此机会奉上了日本的贡品，多是一些日本特有的工艺品以及玛瑙等物，在资源贫瘠的日本这些都是稀罕的好东西。这些东西在唐玄宗眼里当然不值一提，不过看在他们千里迢迢带来这一份心意，唐玄宗依然龙颜大悦，吩咐下面回赠了丰厚的奖赏。

皇帝的接见结束之后，阿倍仲麻吕收到了一个好消息。多治比县守押使告诉他："经过我的推荐和国子监的审核，你被破格批准入太学学习。其他人也都进了国子监，不过你们不在一块，下道真备去了四门学。"国子监是大唐的最高学府，只有高官与贵族的子弟才有资格入学，并且对资质和年龄的要求都很严格，外邦人能够有幸入国子监学习，必然是皇帝的恩准。

"还有一个好消息。"多治比县守笑道，"皇帝了解到大家的汉文基础可能不扎实，在我们的恳请之下特别下旨请'当朝十八大学士'之一、四门助教赵玄默赵先生来辅导大家的文学、训诂学，你们真是有福气啊！"

"太好啦！"阿倍仲麻吕到了洛阳才发现，由于父母在日本请的老师祖籍来自吴越之地，所以自己学的原来是吴语，与官话截然不同，本来大有挫败感，这下又有了动力。

在太学的日子里，阿倍仲麻吕主要学习九经学，包括《礼记》《左传》《诗经》《周礼》《仪礼》等九部经书，此外还要学习礼乐射御书数六门课程，其实阿倍仲麻吕在平城京就钻研过这些课程，只是现在到了大唐不得不用汉语上课，不免吃力许多，回答问题的时候因为口音的问题总会引发哄堂大笑，让他满脸通红。阿倍仲麻吕是个不服输的小伙子，更加勤奋好学。寒来暑往几年过去，这个外邦留学生的发音，闭上眼睛听，完全就是官话了。

虽然阿倍仲麻吕想跟大唐人士交朋友，可初来乍到人生地不熟，长安有长安的圈子，外邦人很难融入，有时难免感到落寞，还好他从小酷爱读书，渐渐地收获了同窗的尊敬。其中就有诗人储光羲，感动于阿倍仲麻吕的好学而成为好友，有诗为证：

洛中贻朝校书衡，朝即日本人也
［唐］储光羲

万国朝天中，东隅道最长。吾生美无度，高驾仕春坊。
出入蓬山里，逍遥伊水傍。伯鸾游太学，中夜一相望。
落日悬高殿，秋风入洞房。屡言相去远，不觉生朝光。

阿倍仲麻吕在太学的表现很好，数年之后参加进士考试，竟然一举中第，很多人不清楚这到底有多难。那一年是唐玄宗开元九年（721年）辛酉科，参加考试的有近千人，而这一科共录取进士才二十五人，说是百里挑一并不为过。日本之前八次派遣的留学生没有一个进士及第的，这是破天荒头一个，事实上也后无来者，这也引得唐玄宗大为好奇，想亲自见上一见。听闻皇帝召见，阿倍仲麻吕紧张得一晚上都没睡好，生怕自己一句话说错惹来麻烦。第二天见到唐玄宗后，阿倍仲麻吕才知道自己多虑了，皇帝陛下相当平和亲切，关心的都是他在长安的生活是否适应，愿不愿意留在大唐将来为朝廷效力等问题。

唐玄宗此时四十出头，大唐王朝的包容自信在唐玄宗身上一览无遗，集天下之英才为我大唐所用，不论出身，唯才是举，他很满意这个来自东瀛的年轻人，给阿倍仲麻吕赐名"晁衡"[1]，字巨卿，鼓舞他再接再厉。

开元十三年（725年），晁衡担任洛阳司经校书，负责典籍整理，正九品下。从此，晁衡开始了在大唐的为官生涯。

话说当年的进士科，状元正是鼎鼎有名的"诗佛"王维，两人也在之后的进士聚会上相识，彼此欣赏，遂成了一生的好友。王维生性恬淡、风度翩翩，是长安的大红人，多少王公贵族追捧，各种邀请络绎不绝。王维很照顾晁衡，经常带上他一起参加聚会，帮他

1　古时候"晁"与"朝"通用，所以"晁衡"也可以叫"朝衡"。

打通在长安的人脉，结识了不少人，其中就有诗仙李白。然而王维和李白却素来没有交集。

开元十八年，李白第一次入长安，由于他是商贾之子，无法参加科举考试，于是想通过推荐（干谒）的方式做官，就到处找王公贵族献上自己的作品，时不时参加贵族的聚会。晁衡第一次见到李白就折服于此人深不可测的才气。晁衡主动结交李白，送给他一件珍贵的日本裘，让李白大为感动，并在《送王屋山人魏万还王屋》诗中特意强调身上穿的日本裘是晁衡所赠。

李白生性豪迈，激发了晁衡心中向往自由的另一面。他们经常结伴入酒肆，听李白讲述他遨游天下的奇闻逸事，酒酣时分兴致高，李白还会舞剑助兴好不痛快。潇洒饮中仙，举觞望青天。笑谈落笔如云烟，皎如玉树临风前。

随着认识的人越来越多，晁衡在长安的日子也愈发安稳。此后他不断受到提拔，历任左春坊司经局校书（正九品下）、门下省左补阙（从七品上）、三品秘书监兼卫尉卿。秘书监相当于国家图书馆馆长，是唐帝国的高级官员，而纵观整个大唐，晁衡也是唯一的外邦人担任此职位，可见其深得上下信任。

晁衡娶了唐人女子成家立业，虽说在长安过得安稳，可是心中的乡愁却随着年岁增加愈发强烈。

望乡诗

阿倍仲麻吕

仰首望长天，神驰奈良边；

三笠山顶上，想又皎月圆。

当初一起来到大唐的同伴都早已回到日本，下道真备后改名吉备真备，回国备受重用，做到了右大臣（相当于宰相）的高位。

3.

在唐多年，晁衡思乡的情绪日益浓烈，多次请奏回国都被皇帝挽留，唯有梦中那平安京的樱花依然漫飞，秋枫染红山野。

机会终于来了，唐玄宗天宝十一载（752 年），日本派遣了第十一批遣唐使，而阿倍仲麻吕的老朋友吉备真备也以遣唐副使身份再次来唐。唐玄宗亲自接见吉备真备一行人并安置日本使节团置于各国上席，给足了面子，这些都少不了晁衡的功劳。

见到老朋友的晁衡非常高兴，当初他们一条船来到大唐的时候，尚风华正茂，如今都成了鬓角斑驳的半百老人，不禁执手相看泪眼，百感交集。吉备真备还带来了晁衡家人的书信，看着久违的家人的笔迹，晁衡老泪纵横，这一年他已经五十七岁了，再不回国恐怕此生再无机会落叶归根。晁衡的思乡之情彻底无法控制，言辞恳切请求唐玄宗让他回国，这次总算打动了皇帝。唐玄宗应允他回国，并任命他为唐朝回聘日本使节，也就是他即使回日本也是作为大唐的臣子，可见唐玄宗也是真的喜爱这位外邦臣子。

正月初一，唐玄宗在含元殿接见各国使臣。从前的席次是，新罗、大食居东班，吐蕃、日本居西班。由于晁衡的优秀，使日本使节团在唐玄宗眼里的地位飙升，这次使日本和新罗调换了位置，日本大使居东班首位。

753年，阿倍仲麻吕得偿所愿，跟随遣唐使团回国，从苏州黄泗浦（今江苏省苏州市张家港市塘桥镇）启航，踏上时隔三十七年的归国之旅。离开长安前，晁衡的老朋友们都来送别，何处可为别，长安青绮门。青绮门摆了多日酒宴，文人墨客把酒道别，半是不舍半是祝福，此去便是永别，怎能不伤感？

王维写了一首《送秘书晁监还日本国》：

积水不可极，安知沧海东。
九州何处远，万里若乘空。
向国唯看日，归帆但信风。
鳌身映天黑，鱼眼射波红。
乡树扶桑外，主人孤岛中。
别离方异域，音信若为通。

只希望晁衡能够平平安安回到故乡，安享晚年。

然而世事难预料，晁衡最终还是没能回到日本，使节团的四艘大船在海上遇到了大风暴，其余三艘最终有惊无险回到了日本，而阿倍仲麻吕所乘坐的那艘却偏离了航向，漂泊无踪音信杳无。当时的通信不发达，所有人都以为他遭遇了海难，得知噩耗的朋友们伤心不已，写下悼亡诗遥相祭奠，其中最有名的是李白的《哭晁卿衡》：

日本晁卿辞帝都，征帆一片绕蓬壶。
明月不归沉碧海，白云愁色满苍梧。

晁衡没死，船漂流到了安南驩州（今属越南），一行人不幸遭遇了当地土著的袭击，死伤惨重，仅有十余人逃出生天。晁衡九死一生，一路辗转漂泊，历经两年多又回到了长安，吓了老朋友们一跳，还以为他的亡魂留恋长安又回来了。晁衡回到长安后看到李白为他写的悼亡诗，百感交集，写下了著名诗篇《望乡》："卅年长安住，归不到蓬壶。一片望乡情，尽付水天处。魂兮归来了，感君痛苦吾。我更为君哭，不得长安住。"自此之后，他彻底打消了回日本的念头。

也许是晁衡跟大唐的缘分注定不浅，既要见证大唐荣耀的盛世，也要让他亲眼看到大厦崩塌。

晁衡回到长安是天宝十四载（755年）春天，刚安稳下来打算老死长安，结果当年十一月，安史之乱爆发，长安不再是长安。安禄山在范阳起兵，二十万大军长驱南下，不久就控制了河北全境。然而得到战报的唐玄宗起初依然不相信安禄山会造反，直到情况日渐危急才大惊失色，后悔晚矣。唐玄宗派封常清和高仙芝两位名将讨伐叛军，然而在一代名将封常清轻敌之下打了败仗，很快东都洛阳失陷。天宝十五载（756年）正月初一，安禄山在洛阳称大燕皇帝，改元圣武。叛军气势更盛，一路长驱南下，势如破竹杀到了潼关，与封常清、高仙芝的守军在潼关对峙了半年，局势暂时得到缓解。

不料，唐玄宗听信谗言，一怒之下斩杀了封常清与高仙芝两位名将，此后更是连出昏招，逼迫接任的名将哥舒翰出击叛军，此举正合敌人心意，使得形势越发恶劣，终于自食其果导致潼关失守，长安危矣！

曾经英明神武的唐玄宗听闻潼关失守，顿时丢了魂，第一时间带着皇亲国戚打算逃跑，跑得太急，连百官都来不及通知，匆匆，太匆匆。一行人跑到马嵬驿，将士们终于忍不了心底的怨气哗变了，带头的就是宿卫宫的龙武大将军陈玄礼，将士们乱刀砍死了祸国殃民的宰相杨国忠，而杨国忠如此小人能得到如今权势，完全是堂妹杨贵妃的缘故。为了防止唐玄宗秋后算账，陈玄礼逼迫他杀了杨贵妃以绝后患。万般无奈之下，这对《长恨歌》的男女主角不得不选择了分手。随后，太子李亨在将士们的簇拥下自立为帝，是为唐肃宗，遥尊唐玄宗为太上皇，而李隆基也只能默许，一再失去民心的他大势已去。

这一切都被阿倍仲麻吕看在眼里，他倒是收到了通知，第一时间也跟着皇帝一起跑了，可这一路走来，年少时那个伟大的盛唐就像一个幻梦，如今千疮百孔不忍直视。

唐肃宗至德二载（757年）九月二十八日，郭子仪率领大军收复长安。同年十月十八日，唐军收复东都洛阳。听闻捷报的太上皇李隆基于是从益州出发返回长安，得到肃宗李亨的迎驾。如今李唐皇室的太庙都被叛军焚毁，自己将来死后无颜向祖宗们交代，如今两京虽然收复，但叛乱远未平息。

是年阿倍仲麻吕已六十一岁，兢兢业业为唐帝国做事，得到了唐肃宗和唐代宗的信任重用，官职一升再升，历任左散骑常侍、安南都护、安南节度使等要职，最后官至光禄大夫兼御史中丞，被封北海郡开国公。以一个留学生外邦人的身份，在大唐能够封公爵，可谓前无古人后无来者。

十一年后，风风雨雨都经历过的老年阿倍，终于迎来人生的结局。

4.

唐代宗大历五年（770年）正月，时年七十二岁的晁衡在家中院子里晒太阳，正月里儿孙绕膝欢声笑语，他早已成了地地道道的长安人。他微笑地望着天空，啊，今日的阳光真好。

他的眼前出现十七岁那年平城京的春日野[1]，漫天纷飞的八重樱下，野鹿成群结队，少年们结伴遨游不知疲倦，念着大唐传来的诗。

"呦呦鹿鸣，食野之苹。我有嘉宾，鼓瑟吹笙。吹笙鼓簧，承筐是将。人之好我，示我周行。"

念着念着，老人渐渐闭上了眼睛，回到最初的故乡。

私塾里，孩子们用蹩脚的唐音朗读着《论语》：有朋自远方来，不亦乐乎？

"老爷爷，你是从哪儿来的？"一个小孩好奇地用日语问他。

故乡，我回来了。

---

1 春日野园地是奈良公园里最大最空旷的草坪所在。

特别番外 洛阳·梨花春

本书中所有人物，唯有武庆宗是原创虚构的。

　　武庆宗身上有三个原型：安庆宗、白孝德以及郭子仪。

　　我本打算写安史之乱爆发后，写包括安庆宗、白孝德、郭子仪等一类人命运的改变，写盛世之后战争的残酷与无情，撕碎了一切歌舞升平。

　　洛阳城破那一刻，多少无辜百姓惨遭叛军杀害，多少曾经幸福的家庭妻离子散……我写着写着，发现一个短篇无法讲得完这种无常。最后我选取一个少年郎，来侧面描写安史之乱最初的爆发。

　　武庆宗是盛唐时期洛阳的一个无赖少年，他考武举的故事参考了郭子仪的少年生平事迹，单挑安史叛军的情节来源于白孝德阵前单挑刘龙仙的精彩故事，他的人生是无数普通人在战争下的缩影。如果不是安史之乱，他们都可以过着平凡而美好的生活，然而一切梦想破碎，如同一场梨花雨。

　　落得白茫茫大地，真干净。

洛阳少年武庆宗

武庆宗,字义直,大唐东都洛阳人,出生于唐玄宗开元二十三年(735年),家中排行老三,目有精光,齿白如玉,人称武三郎。

他父亲武长吉是个香料商人,在武周时期自称是武则天族人,早年前往西域经商赚得盆满钵满,之后在洛阳上林坊买了宅子,在洛阳北市租了店铺做起香料生意。北市凭借临近漕渠的地利之便,在唐高宗显庆年间非常繁华。天下舟船常万余艘,填满河道;市场上店铺林立,三教九流四方蕃夷往来不断。

武长吉的生意也越做越红火。他的大儿子接过了香料买卖,在洛阳南市的里坊区开店铺,二儿子自幼嗜好读书,后在景兴坊的华严寺附近开了一家书肆,专卖佛经、诗集和传奇小说,最爱的诗人是王维。武长吉年过半百,衣食丰足子孙绕膝,对一切都很满意,常得意自己是有福之人,唯一不省心的就是这个小儿子武庆宗。

武庆宗自小缺读书那根筋,对于舞刀弄枪倒是无师自通。武长吉早年聘了几个镖人护卫,在商旅路上帮他不少,发财后倒也待他们不薄,高薪养在家中做护院,若有想做的营生也会慷慨相助。武庆宗打小就好动,经常缠着几位镖师学武艺,武长吉心想,儿子学武倒也不错。大唐武德昌隆,将来即便不能建功立业,至少可以参加个武举试试。

没想到少年武庆宗性情顽劣,学了武之后更是年少轻狂到处显摆,三天两头惹是生非,根本没有考科举的心思。洛阳北市周边有不少胡人的庙宇寺院,以及居住着不少贫民的糠市,三教九流胡人汉人,各种势力错综复杂。

凭借一双拳头,武庆宗在糠市一片打出了名堂,论赤手空拳单挑打架,同辈人中无人能及,加上他性情豪爽出手大方,打完架后总请人上医馆下酒家,众少年也都心服口服。很快他就成了这一带无赖少年们的领头,自称游侠招摇过市。

长安重游侠,洛阳富才雄。

——卢照邻《结客少年场行》

武长吉担心儿子惹祸,想让他早点成家收收心。无奈托媒人介绍了数个门当户对的妙龄少女,他都不感兴趣。看着翰逸神飞的俊朗儿子和他那帮不入流兄弟勾肩搭背的样子,武长吉不禁忧愁,难不成儿子有龙阳之好?

武长吉想多了，武庆宗就是玩心大。但武庆宗在四处闲逛下，仍在不经意中动了心。

那是北市一个偏僻巷子的酒肆当垆女，武庆宗一次闲逛时偶然经过，一瞥之下驻足不前。那少女唤作小鱼，正当豆蔻年华。梅花妆，随云髻，红袖当垆，青裈涤器，生动鲜活的市井气息，不施粉黛的自然灵动，让从小在父亲香料铺已见惯女人的武庆宗耳目一新。酒香也怕巷子深，盛唐时期流行让妙龄女子当街卖酒吸引客人驻足，小鱼家的酒肆地处偏僻，她父亲总让她前往街头招揽客人来品尝自家酿的梨花春，此酒以春天梨花开放时酿成而得名。

正见当垆女，红妆二八年。

——李白《江夏行》

小鱼笑靥如花，伶牙俐齿，总逗得武庆宗流连忘返，有一次还忘记了宵禁时间。他常带着兄弟们去小鱼的酒肆捧场，时不时送小鱼一些香料香囊、二哥家书肆的传奇小说等，小鱼待他也与他人不同，格外亲昵，两人之间的情愫，早已不言而喻。

武庆宗酒量并不好，但好面子，常常与人斗酒拼得不省人事。

小鱼心疼不已,总是会为他挡酒或替他喝了。来喝酒的伙伴们嬉笑起哄,说他俩是郎才女貌天作之合,让武庆宗赶紧选个良辰吉日上门提亲。小鱼却故作不屑地撇嘴:

"哼,我阿爷给我算过命,说我是嫁给将军的命,他呀,不够格。"

"你少跟我狂哦,小心我娶你回家天天喂你吃香料。"

"那你娶啊!不娶骗人是乌龟!"

"你这……"武庆宗语塞,手忙脚乱握不住杯,酒洒了一地。

众人笑作一团,小鱼得意地直视武庆宗,嘴笨的武庆宗面红耳赤。

武庆宗确实想娶小鱼,可他想起小鱼说的玩笑话,不由得认真思考起自己的前程,虽然家里不缺钱,可自己一直这么晃荡也不是事,女人大都崇拜大丈夫,自己如今只是一个小混混,真要成家立业必须有人生方向。之后的某天,他坐在洛阳天街发呆,听到人群山呼海啸,围观着打胜仗归来的右羽林大将军高仙芝,一身盔甲下的高大将军雄壮俊美,金鞍玉带,朱缨锦帷,身后大队骑兵猎猎,快马飒飒,威风得令百姓围观尖叫不止。

"大丈夫生于世间,应当如此!"武庆宗的双眼闪烁着强烈的向往,又想起小鱼的话,嗖的一下站起身,找到了自己的人生方向。

"阿爷，我要去考武举，来日上战场当将军，忠君报国！"武庆宗难得一脸正经地跟父亲谈起志向。这让武长吉愣了片刻，大力拍着儿子肩膀老怀欣慰："好！好呀！三郎你终于开窍了！"

武长吉不惜重金请来有过武举经验的考生辅导儿子备考，儿子要马买马，要弓买弓，要靶买靶。

武举制度创始于武则天时期，不论出身高低，只要有武艺的人都可以参加选拔。这天下的底层运行规律，依然是武力，也不失为一种治国安邦之策。

最初武举考试不甚被重视，直到唐玄宗开元二十四年（736年）皇帝改了规定，考中武举的考生直接从散官（唐代武散官共四十五级）做起，最高可官至骠骑大将军，最低为陪戎副尉。

勋官五品以上并三卫执仗、乘，若品子年考已满者，并放选；勋官六品以上并应宿卫人及品子五考以上者，并授散官，谓"军士战官"；余并帖仗，然后授散官。

——《唐六典》

这一改变，武举顿时变得前途无量，民间习武之人倍增，那些科举无望的寒门子弟、商贾人家，纷纷强身健体骑马射箭，准备一年一度的武举。武举考试的科目有马射、步射、平射、马枪、举重、摔跤等，此外还要考虑身体素质、外貌以及言语谈吐，毕竟不少人考中后会去做皇帝的千牛卫（仪仗队），形象相当重要。

老话说穷文富武，武举考试的内容，不是一般家庭练得起的，光是骑马这一项，普通人家就买不起马，所以考中的往往是那些军官家庭或者富家子弟。

武庆宗勤学苦练了一年，天赋过人，再加上他人高马大、长相俊朗，又懂一些历史典故，在一众武夫之中格外出众，被主持武举的兵部侍郎李彭年赏识，最终得到一个"异等"好成绩，补任左卫长上（从九品下）。这一年武庆宗刚满二十岁。

"补任左卫长"意思是等待左卫长这个官位空出后，再去补任该职位。如果还没有空缺，那劳烦再等等。武庆宗当然不急着当官，他志得意满地回到市井，招来曾经的兄弟们准备去小鱼家的酒肆大宴一场，这大半年为了专心准备武举，他跟兄弟们说好暂不相聚，也忍住思念未曾去看过小鱼。

没想到这一聚，他才得知，就在不久前，小鱼竟被皇帝的花鸟使看中，下月初即要前往宫中应征。本来春风得意的武庆宗脸色大变，瞬间如坠冰窟。

皇帝公开派遣宦官，强行采择公卿百官及庶民之家的美貌女子，以纳入后宫，专干这种差事的宦官名叫"花鸟使"。官民之家女子如有隐匿，不应征入宫者，即处死刑。应征入宫的女子无非两种命运：一类宫女从选秀入宫直至死亡一直生活在深宫；第二类宫女只侍奉一朝天子，待皇帝死后，将会被辞配于寺庙或尼姑庵中削发为尼，终身不得婚嫁。

武庆宗曾在茶余饭后听闻，还道是民间谣传一笑而过，想那英明神武的大唐皇帝怎么会干出这等荒淫无耻之事。

"花鸟使……放屁！你们以为我会信这种鬼话吗？！"
"三郎，我们说的都是真的，你赶紧去见小鱼一面吧。"

武庆宗见到哭肿了眼的心上人，他知道什么都已经晚了。贼老天，非要这么捉弄人不可吗？

他本打算考中武举便向小鱼表明心意，证明自己有了做将军的资质，来日就上门提亲，这突如其来的变故，令他再也无法开口。

"你以前送我的传奇小说中我最喜欢风尘三侠的故事。敢爱敢恨，不枉来这世间走一遭。"小鱼直视着武庆宗的眼睛，下定决心道，

"我敢做红拂女,你敢不敢做李靖?"

武庆宗气血上涌,几欲脱口而出一个好,可转念间想到自己的父亲母亲、大哥二哥,从小得到一家人的宠爱才能有自己肆意荒唐的少年岁月,如今若是和意中人一走了之,连累的是武家三代人辛苦积攒起来的家业。他害怕了,眼神闪烁不敢直视她的眼睛。

他的犹豫已经道出了答案,小鱼炽热坚决的眼神顿时黯淡无光,低垂青丝,轻声叹息……

"不怪你,是我唐突了。忤逆圣人的旨意,怕是我们两家都要毁了。"

"小鱼……我……"武庆宗慌张地想说点什么,舌头却不听使唤。

"你走吧。我不怪你,要怪只怪自己命不好。你我今生有缘无分,但愿来生做一对长相厮守的鱼儿,在无人的溪涧自由自在。"

小鱼强忍眼泪,将武庆宗推出了门,一把关上门之后捂住了嘴,泪水从指缝渗出。

自那之后的一月,武庆宗的脸上失去了神采,无论吃饭还是喝酒,都像丢了魂一般麻木。武长吉特意召集亲朋好友办庆宴,他也始终面无表情,有长辈赞叹:"三郎宠辱不惊,面如平湖,此乃上将军之姿也。"

武长吉知道了儿子伤心的缘故,也不禁喟叹:"以前那个圣人,怎么变成这副样子……"他拍拍儿子的肩膀安慰,"大丈夫何患无妻,早点放下吧,这世上身不由己的事太多,看开点。"

武长吉不知,儿子伤心的不仅是小鱼的遭遇,还有对圣人的失望。从小生活在盛世大唐的东都洛阳,耳濡目染的都是街头巷尾对圣人文治武功的赞不绝口,为这样的天子效忠何其光荣!

可如今,这个理想破灭了。

天子不是神,是人,是个七情六欲比普通人还要贪婪的老人。

将士们舍生忘死,就是为了让皇帝派出花鸟使,用这等腌臜之法去强抢民女的吗?少年尤为心灰意冷。这大唐将军,不当也罢。

然而容不得武庆宗胡思乱想,就在天宝十四载(755年)十一月初九,震惊天下的安史之乱爆发了。威震东北的大忠臣安禄山,当今皇帝恩宠至极的干儿子,造反了!

消息传到洛阳的时候,叛军已经势如破竹,很快就拿下了河北全境。河北的流民涌入洛阳城,河北郡县无力抵抗皆望风而降,如今叛军人数众多,步骑精锐,鼓噪震地,反抗者皆被千刀万剐,其状惨不忍睹。沉浸在太平岁月已久的东都百姓感到难以置信。洛阳的守军人数不仅少,且久疏战阵不堪大用。百姓们非常惊恐,纷纷拖家带口逃出洛阳。

不久，皇帝派遣大将军毕思琛前往东都洛阳募兵防守，随后又派北庭都护、当世名将封常清赶往洛阳整顿兵马，迎战叛军。洛阳子弟久闻封常清大名，一腔热血奋勇当先，纷纷前往招募处应征。旬日，封常清得六万人，然而这六万人中大部分都是市井子弟，时间紧迫已来不及训练。封常清下令砍断河阳桥，坚守洛阳城。

武庆宗作为通过武举的补任散官，自然也在应征名单。

他之前还为花鸟使之事愤懑难平，此刻见到国有危难，那股男儿热血又澎湃涌动起来，义不容辞去参军，负责训练新兵射箭。封常清正愁人手不足，见武庆宗仪表不凡、身手矫健、言辞扼要，当即引入精锐亲卫着重培养，毕竟千军易得一将难求。

武庆宗初见封常清时大为失望，传说中大胜大勃律国的当世名将，竟是一个身材瘦小、鬓角斑白，且跛着一只足的干瘪老头。但是仅仅几日之后，武庆宗就完全拜服于封常清的博闻广识、运筹帷幄，数万大军在他的指挥下有条不紊地筹备粮草、制作弓弩、加固城墙、日夜操练，让原本忐忑的洛阳百姓逐渐安心下来。

然而叛军很快攻破荥阳，叛军前锋田承嗣、安忠志、张孝忠兵分三路向洛阳日夜进军。封常清得到斥候来报，意识到已不够时间备战，必须抵御住叛军前锋，不得已之下他决定冒险率领精锐先去前方争取时间。

封常清屯兵洛阳东边的门户虎牢关，不料叛军气势之强远超预料，久经战场的铁骑精兵如潮涌般攻入虎牢关，将官军踏为肉泥，而新招募的兵士们见到真实的战场血肉横飞、断肢残臂，大为惊骇之下军心涣散，官军大败，虎牢关失守。

封常清收余众，再战叛军于葵园，又败。

此时招募的洛阳新军已如惊弓之鸟，撤回洛阳的路上不断有新兵逃亡，只剩下数百亲卫牙兵。

武庆宗风尘仆仆，始终守卫在封常清身边。虎牢关一战他待在中军大帐作为手执牙旗的牙兵，并未正面迎敌，军队溃散之后随着撤退的命令一路骑马狂奔，已跑了一夜，饥渴难挨。

他心里憋屈，上万大唐官军在叛军铁骑前毫无招架之力仓皇逃窜，自己一身武艺，武举中惊艳考官的好身手，却无用武之地。

众人途经一处溪涧，封常清终于下令稍做休憩，他吃了点东西之后皱眉沉思，为接下来的严峻形势忧心忡忡。

武庆宗只觉困极，眼皮厚重。此处溪水清澈，树影婆娑，清风吹来犹如催眠，众将士人人灰头土脸面露疲倦，可谁也不敢懈怠，防备着后方紧追不舍的叛军。

短暂休憩后，众将士正准备出发，溪水对岸传来一阵响亮的号角声，旋即号角齐鸣，嘚嘚的马蹄声由远及近疾驰而来。

"封将军快走。我等必誓死阻挡贼人。"牙将抽出佩刀翻身上马，驰向号角声方向。

武庆宗顿时困意全无，紧绷的心一下让他分外清醒，他立刻上马提起长枪，决心在此一战。

封常清刚走，叛军数百精锐铁骑已至溪边。

为首的先锋将领虎背熊腰，手执大唐横刀，盔甲上殷红血渍，嘴角轻蔑向下撇，整个人散发着腾腾杀气，宛如杀出地狱的阿修罗。

这位先锋饶有趣味地睥望着严阵以待的牙将牙兵，忽而将刀入鞘、箭入壶、弓入韬，跷起右腿搁在马鬣上，一副懒散状轻蔑大笑："哈哈哈哈哈，我还以为天下闻名的封常清是个什么英雄，原来只会像狗一样逃。什么狗屁大唐名将！"

牙将闻言大怒，一踩马镫冲上前去，提起大刀想趁其松懈一举拿下。孰料那位先锋丝毫不慌，笑着握住刀鞘提马迎战，只一个照面就拔刀出鞘，轻松将牙将斩落马下，鲜血染红溪涧。

叛军铁骑高声欢呼，这边的唐军皆神色惨淡。

"俺的弟兄们已赶往洛阳上东门堵截，你们的封大将军逃不了多远。这一路追得也累了，正好让你们陪我玩玩，反正迟早都是死，有没有人敢出来跟俺单挑？"

武庆宗早已怒不可遏，提起长枪打马向前。
"乱臣贼子，小爷来奉陪。"
"小子长得倒是挺俊，可惜咯。"
"废话少说！"

武庆宗策马横过溪流独自冲锋，双方相距十步之遥时，叛军先锋拍马相迎，手中横刀兀自滴着血。武庆宗枪尖寒光舞动，扑朔迷离直戳要害，那先锋几次横刀格挡，只觉手筋发麻，十几个回合过后，竟渐渐处于颓势，顿时拍马拉开距离，盯着武庆宗，神色认真起来。

这青涩未脱的少年牙兵，竟有如此好的身手。
"你叫什么名字？"
"洛阳，武庆宗！"
"沧州，刘龙仙。"

二人报完名字，刘龙仙的眼神中已带有几分欣赏。他自从跟随安禄山叛乱以来单挑无数，还未有人在其手下走过十个回合，而这个乳臭未干的洛阳小子，竟每每能后发制人，看清自己横刀的变招。他的眼睛一瞥，注意到太阳光的方向，旋即计上心来。

两人拍马再战，几个回合之间，刘龙仙已知此子不可力敌，需要智取，凭借丰富的战斗经验，他找准方位将刀身返照阳光，晃了武庆宗的眼，趁着间隙劈向对方的马脖子，旋即又是一脚踢中马肚，一套下来对方果然人仰马翻。

武庆宗跌入溪流中，正欲起身已被横刀抵住喉咙一寸，动弹不得。
"小子，俺看你身手不错，你肯投降当俺牙兵不？"
"呸。猪狗不如的东西！"

哧——
横刀刺穿了武庆宗的胸膛，他倒在溪水中，眼前逐渐模糊……
一旁的战马嘶鸣着死去，武庆宗想用力睁开眼睛，眼前殷红一片。
兵器相交声、马啸声、惨叫声、风声都越飘越远，他的胸口发烫，脸颊冰凉……
就到这里了……吗？

他想要抬起脚，周身剧痛无比，身体已经深深陷入溪水的泥土中，水流渗入口鼻，仿若将化为一条鱼。

好困啊。

就这么沉沉睡一觉吧，什么都不用再想。

好想再喝一口，她家的梨花春。

忽明忽暗之间，白色的花瓣在微风中盘旋降落，融入溪涧，雪白一片的大地上，一株巨大的梨树顶天立地，散落着雪花般的洁白梨花，漫天飘洒……

他笑了，他看到梨树下的小鱼吆喝着卖酒："梨花开，梨花落，梨花香来春满巷，佳期如梦难寻觅……"

梅花妆，随云髻，红袖当垆，青裈涤器，一如初见春风和煦。

无赖少年们笑嘻嘻地起哄："你不嫁给他，你想嫁给谁？"

"哼，我阿爷给我算过命，说我是嫁给将军的命，他呀，不够格。"

武庆宗在心中苦笑，是啊，我不够格。

他们的模样时而清楚，时而模糊，而声音依然那么熟悉，那么亲切。梨花越落越多，将他们的身影渐渐覆盖，直到形成白茫茫一条梨花路，蔓延至洛阳回家的方向，他惊喜地发现自己站直了身体，脚底轻快有力，随着一阵清风，奔向那一百三坊二市的繁华人间。

洛阳，洛阳，洛阳……

天宝十四载（755年）十二月十二日，安禄山叛军攻入洛阳，纵兵杀掠屠戮无数，东都成为炼狱，武长吉三代积累的香料铺被劫掠一空，武长吉沉尸漕渠。

十二月二十一日（一说十二月十八日），皇帝下令监军边令诚处死封常清与高仙芝，军中士卒跪地，皆大呼称冤，其声震地，然而，二位名将的头颅，依然落地。

天宝十五载（756年）正月初一，安禄山在洛阳称大燕皇帝，改元圣武。

那年春天，洛阳的梨花漫天，如同一场哀悼盛世的春雪。